Politik

Wie? So!

Rainer Dörrfuß
Erich Hage
Manfred Handwerger
Karl-Heinz Köhler

C.C. Buchner
Bamberg

POLITIK – WIE? SO!

Bearbeitet von Rainer Dörrfuß (S. 5—22 und S. 57—65)
　　　　　　　　Erich Hage (S. 66—73 und S. 109—134)
　　　　　　　　Manfred Handwerger (S. 23—56)
　　　　　　　　Karl-Heinz Köhler (S. 74—108)

Bildnachweis:
Anthony-Verlag, Starnberg (4); Associated Press GmbH, Frankfurt (1); Bavaria Verlag, Gauting (1); Bayer. Staatsministerium des Innern und Bayer. Staatsministerium für Landesentwicklung und Umweltfragen, München (1); Bildarchiv Superbild, Eric Bach, Grünwald (4); Bundeskriminalamt, Bonn-Bad Godesberg (1); Cartoon-Caricature-Contor, München (8); Deutsche Presse-Agentur, Frankfurt (25): Deutscher Kinderschutzbund (DKSB) e. V., Hannover (1); Europäisches Parlament, Informationsbüro, Bonn (1); Fosshag, Bengt, Frankfurt (1), Globus Kartendienst, Hamburg (4); Ironimus, Prof. Gustav Peichl, Wien (1); Keystone Pressedienst, Hamburg (6); Marie Marcks, Mannheim (1); Mauritius, Mittenwald (6); Presse- und Informationsamt der Bundesregierung, Bundesbildstelle, Bonn (4); Pressefoto Lorenz Baader, München (1); Reißenweber, Franz-Karl, Roth (1); Rieger, Birgit aus Friedemann Bedürftig/Dieter Winter, Das Politikbuch © by Ravensburger Buchverlag 1994 (6); Süddeutscher Verlag, München (7); Ullstein Bilderdienst, Berlin (4), UNICEF, Kinderhilfswerk der Vereinten Nationen, Köln (1); vario-press, Bonn (2); Verlag Paul Kieser, Neusäß (1); Verlagsarchiv (13); Zeitbild-Verlag, Bonn (5); Zentrale Farbbild Agentur, Düsseldorf (3).

1. Auflage 1 ^{4} ^{3} ^{2} ^{1}　1999　97　95
Die letzte Zahl bedeutet das Jahr dieses Druckes.
Alle Drucke dieser Auflage sind, weil untereinander unverändert, nebeneinander benutzbar.

© C. C. Buchners Verlag, Bamberg, 1995. Das Werk und seine Teile sind urheberrechtlich geschützt. Jede Verwertung in anderen als den gesetzlich zugelassenen Fällen bedarf der vorherigen schriftlichen Einwilligung des Verlages.

Grafiken:　CCM — Concept, Creation, Marketing GmbH, Bamberg
　　　　　　Reinhard Rüger, Bischberg
　　　　　　Kurt Turbanisch, Naisa
Umschlaggestaltung: Atelier Wilinski, Mainz
Gesamtherstellung: Fränkischer Tag GmbH & Co. KG, Bamberg

ISBN: 3 7661 **2860 4**

Inhalt

1 Der einzelne in der Gesellschaft	1.1	Soziale Gruppen	6
	1.2	Gruppenprozesse	10
	1.3	Die soziale Rolle	14
	1.4	Rollen im Wandel	18
		Gewußt?	22
2 Politische Mitwirkung im demokratischen Staat	2.1	Jugend und politische Mitwirkung – eine Einführung	24
	2.2	Zur Rolle der Massenmedien im politischen Leben	26
	2.3	Bürgerinitiativen im politischen Prozeß	30
	2.4	Die Rolle der Verbände	34
	2.5	Aufgaben und Wirkungsweise der politischen Parteien	38
		Exkurs: Die Parteien des 13. Deutschen Bundestages (1994–1998)	42
	2.6	Wahlen: Bedeutung und Wahlsysteme	44
	2.7	Wahlen: Wahlrecht und Wahlsystem der Bundesrepublik Deutschland	48
	2.8	Besonderheiten der politischen Mitwirkung in Bayern	52
		Gewußt?	56
3 Politische Strukturen der Bundesrepublik Deutschland und internationaler Organisationen	3.1	Der kommunale Aufbau Bayerns	58
	3.2	Die Gemeinden	62
	3.3	Staatsorgane im Freistaat Bayern	66
	3.4	Föderalismus in der Bundesrepublik Deutschland	70
	3.5.1	Der Bundestag	74
	3.5.2	Die Gesetzgebung	78
	3.5.3	Bundesregierung und Verwaltung	84
	3.5.4	Bundespräsident und Bundesverfassungsgericht	88
	3.6.1	Der Europäische Einigungsprozeß	92
	3.6.2	Die Organe der Europäischen Union (EU)	96
	3.6.3	Die NATO	100
	3.6.4	Die UNO	104
		Gewußt?	108
4 Die Wert- und Rechtsordnung von Grundgesetz und Bayerischer Verfassung	4.1	Die Grundrechte	110
	4.2	Formen und Grundzüge der Demokratie	114
	4.3	Politischer Extremismus	118
	4.4	Der Rechtsstaat	122
	4.5	Der Sozialstaat	128
	4.6	Die Staatssymbole	132
		Gewußt?	134
		Kleines Politiklexikon	135

1 Der einzelne in der Gesellschaft

Ernst Hürlimann, Cartoon-Caricature-Contor

1.1 Soziale Gruppen

Darum geht es:
Brauchen wir andere Menschen?
Was macht eine Gruppe aus?
Welche Beziehungen bestehen zwischen Gruppenmitgliedern?

M 1 Brauchen wir andere Menschen?

Ohne meine Clique ist es echt öde!
Wenn die anderen mal unterwegs sind, und ich konnte nicht mit, dann merk' ich erst, wie wichtig die für mich sind.
Wir unternehmen unheimlich viel zusammen.

Andere Menschen? Da denke ich zuerst an unseren Seniorenkreis.
Nach dem Tod meines Mannes fühlte ich mich sehr einsam.
Die Kinder kommen ja doch nur sehr selten vorbei.
Da war ich richtig froh, als mich eine Nachbarin eines Tages in den Seniorenkreis mitnahm. Wir unternehmen allerhand zusammen.
Jetzt hab' ich was, worauf ich mich freuen kann.

Also ich bin mit meinen Freundinnen fast jeden Tag zusammen.
Oft quatschen wir nur oder hören zusammen Musik, oder wir gehen ins Jugendzentrum. Auf jeden Fall fällt uns immer was ein.
Mit Sabine und Karin kann ich auch Geheimnisse besprechen.
Wir halten zusammen.

Ohne andere Menschen geht's überhaupt nicht.
Wir brauchen sie schon zur Befriedigung wichtiger Bedürfnisse!
Woher kommen die Lebensmittel, die Energie, unsere Kleidung . . .
Auch ich trage als Lehrer dazu bei, daß sich die Menschen in unserer Gesellschaft besser zurechtfinden.

Durch meinen Beruf mußte ich vor zwei Jahren in eine andere Stadt ziehen.
Meine Familie sehe ich jetzt nur noch sehr selten.
Gut, daß mich die Band als Trompeter aufgenommen hat.
Wir spielen zweimal die Woche zusammen und unternehmen auch sonst einiges gemeinsam.

M 2 Cartoon

M 3 Menschen in der Gruppe

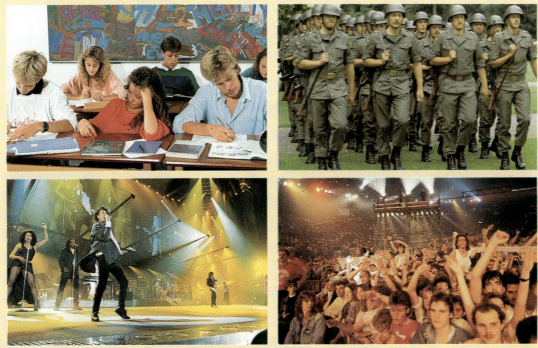

1. Warum sind wir auf andere Menschen angewiesen? (M 1, M 2)
2. Vergleichen Sie auf den Abbildungen von M 3 die Anzahl der Menschen, ihre Beziehungen und Ziel bzw. Zweck ihrer Beziehung!

Soziale Gruppen

Warum brauchen wir andere Menschen?

Kleinkinder, die ohne menschliche Zuwendung aufwachsen, können sich nicht normal entwickeln. Menschen, die den Kontakt zu ihren Mitmenschen verlieren, verlieren auch den Lebensmut. Anerkennung, Freude, Geborgenheit, Glück oder Liebe erfahren wir nur im Zusammenleben mit anderen Menschen. Darüber hinaus brauchen wir andere Menschen aber auch, um in unserer Gesellschaft überleben zu können, z. B. zum Schutz gegen Feinde, oder um die Güter herzustellen, die wir zum Leben benötigen.

Bereits mit der Geburt wird der Mensch Mitglied der **Gruppe**, die er am dringendsten zum Überleben braucht, der Familie.

Was macht eine Gruppe aus?

Der Begriff „Gruppe" wird in der Alltagssprache recht willkürlich verwendet. Die Wissenschaftler dagegen haben genaue Merkmale für eine Gruppe festgelegt. Von einer **sozialen Gruppe** sprechen sie, wenn bestimmte Merkmale für die Beziehungen zwischen mehreren Menschen zutreffen. Am Beispiel einer Fußballmannschaft lassen sich diese Merkmale verdeutlichen.

Gruppenmerkmale	Beispiel (Fußballmannschaft)
gemeinsame Interessen und Ziele	ein Spiel zu gewinnen
gemeinsames Handeln	zusammen spielen
Beziehung auf Dauer	Vereinszugehörigkeit
Überschaubare Anzahl von Mitgliedern	11 Spieler und Ersatzleute
Zusammengehörigkeitsgefühl	Teamgeist
Verhaltensregeln	z.B. Pünktlich beim Training
Verteilte Aufgaben	Torwart, Libero etc.

In diesem Sinne sind die Besucher eines Konzertes oder die Zuschauer eines Fußballspiels keine Gruppe, da sie nur für kurze Zeit zusammenkommen und es zu keiner echten Beziehung zwischen ihnen kommt.

Welche Beziehungen bestehen zwischen den Gruppenmitgliedern?

Die wichtigste Gruppe für den einzelnen ist in der Regel seine Familie, hier lernt er nicht nur seine Muttersprache, sondern auch die Verhaltensweisen, die es ihm ermöglichen, in andere Gruppen und Lebensbereiche hineinzuwachsen.
In **Primärgruppen** (lat. primus, der erste) gibt es meist sehr enge persönliche Beziehungen. Die Mitglieder von Primärgruppen beeinflussen sich gegenseitig stark und entwickeln ein ausgeprägtes Zusammengehörigkeitsgefühl (Familie, Spielgruppe, Clique).
Bei **Sekundärgruppen** (lat. secundus, der zweite, der folgende) sind die Beziehungen zwischen Gruppenmitgliedern eher lose. Sie sind vorrangig auf Zwecke ausgerichtet (Schule, Betrieb, Gemeinde, Partei, Interessengruppe). Auch ein Großbetrieb ist eine Sekundärgruppe. Durch die Produktion von Gütern verfolgt die Belegschaft des Betriebes ein gemeinsames Ziel. Hier sind die Beziehungen zwischen den Menschen nicht so persönlich wie in der Familie oder im Freundeskreis. Viele Beschäftigte kennen sich nicht oder begegnen sich nur gelegentlich. Der Zweck, den Lebensunterhalt zu verdienen, steht im Vordergrund. Sekundärgruppen spielen mit fortschreitendem Alter eine immer wichtigere Rolle im Leben des Menschen.
Die Grenzen zwischen Primärgruppen und Sekundärgruppen sind oft fließend. Der engste Familienkreis ist eine Primärgruppe, der weitere Kreis der Verwandten gehört oft schon zu einer Sekundärgruppe. Je größer die Gruppe ist, desto weniger überschaubar ist sie, enge persönliche Beziehungen sind seltener.

Soziale Gruppen

Die Zugehörigkeit zu einer Gruppe beeinflußt das Denken und Verhalten der Gruppenmitglieder. Erkennen kann man die Zugehörigkeit zu einer Gruppe an typischen **Gruppensymbolen,** das sind gemeinsame Zeichen, die das „Wir-Gefühl" in der Gruppe stärken, z. B. Grußformen, Abzeichen, Kleidung, gemeinsame Ausdrücke oder besondere Frisuren.

| Zusammengehörigkeit und Abgrenzung zu anderen |

Diese äußerlich erkennbaren Zeichen bewirken einerseits eine Stärkung des Zusammengehörigkeitsgefühls innerhalb der Gruppe, andererseits eine Abgrenzung gegenüber anderen Gruppen.

Das Gruppenmitglied identifiziert sich mit der **Eigengruppe** unabhängig davon, ob es freiwillig Mitglied geworden ist oder ungewollt. So findet man in Schulklassen in der Regel ein starkes Zusammengehörigkeitsgefühl zwischen den Klassenkameraden und gleichzeitig deutliche Rivalität zu anderen Klassen, der **Fremdgruppe.**

Mangelnde Toleranz gegenüber Mitgliedern einer Fremdgruppe finden wir häufig bei Fan-Gruppen beim Fußball. Zwischen Anhängern sozialer oder ethnischer Gruppen kann es sogar zu bewaffneten Auseinandersetzungen kommen.

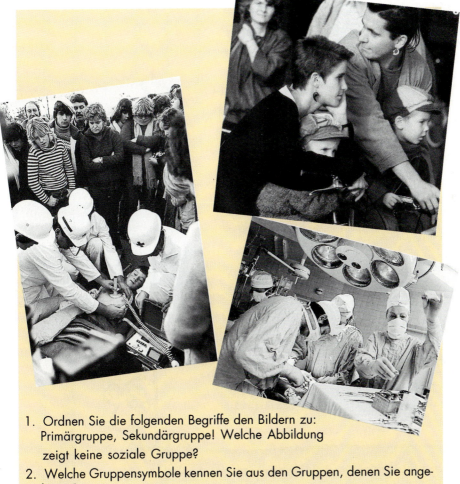

1. Ordnen Sie die folgenden Begriffe den Bildern zu: Primärgruppe, Sekundärgruppe! Welche Abbildung zeigt keine soziale Gruppe?
2. Welche Gruppensymbole kennen Sie aus den Gruppen, denen Sie angehören?

1.2 Gruppenprozesse

Darum geht es:
Was gibt mir die Gruppe?
Wie muß ich mich in der Gruppe verhalten?
Sind in einer Gruppe alle Mitglieder gleich?

M 1 Kinderzimmerordnung

M 2 Fußballregeln

Zu hoher Fuß gegen den Ball, den der Gegner köpfen will.

Verwarnung mit der gelben Karte.

M 3 Ordnungsmaßnahmen in der Schule

Maßnahme	erteilt von
1. schriftlicher Verweis	Lehrkraft, Förderlehrer
2. verschärfter Verweis	Schulleiter
3. Versetzung in eine Parallelklasse der gleichen Schule	Schulleiter
4. Ausschluß in einem Fach für die Dauer von bis zu vier Wochen	Schulleiter
5. Ausschluß vom Unterricht für drei bis sechs Unterrichtstage (Berufsschulen mit Teilzeitunterricht: höchstens zwei Unterrichtstage)	Schulleiter
6. Ausschluß vom Unterricht für zwei bis vier Wochen[3]	Lehrerkonferenz[2]
7. Zuweisung an eine andere Schule der gleichen Schulart[4]	Schulaufsichtsbehörde (auf Vorschlag der Lehrerkonferenz[2])
8. Androhung der Entlassung von der Schule[5, 6]	Lehrerkonferenz[2]
9. Entlassung von der Schule[5, 6]	Lehrerkonferenz[2]
10. Ausschluß von allen Schulen einer oder mehrerer Schularten[5]	zuständiges Staatsministerium (auf Antrag der Lehrerkonferenz)

Anm.: [1] Sie gelten nur für die öffentlichen und nicht zwingend für die Privatschulen. [2] bzw. Disziplinarausschuß, [3] erst ab dem 9. Schulbesuchsjahr und nur bei Vollzeitunterricht, [4] bei Pflichtschulen, [5] nicht zulässig gegenüber Schulpflichtigen in Pflichtschulen, [6] bei Schulpflichtigen, die die Hauptschule freiwillig besuchen, zulässig.

M 4 Soziogramm einer Gruppe

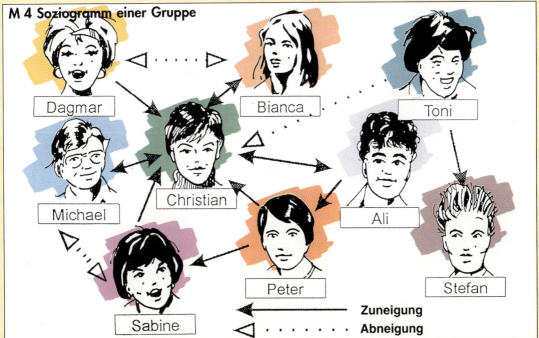

1. Welche Erwartungen haben Kinder in bezug auf das Verhalten ihrer Eltern? Was erwarten Eltern von ihren Kindern? (M 1)
2. Wie reagieren Gruppen auf Fehlverhalten? (M 2, M 3)
3. Überlegen Sie anhand des Soziogramms (M4): Wer ist am beliebtesten in der Klasse? Wer ist Außenseiter und wer ist neu in der Klasse?

Gruppenprozesse

Was gibt mir die Gruppe?

Die Beteiligung am Leben einer Gruppe **befriedigt Bedürfnisse** des einzelnen Mitglieds. In meiner Gruppe
- fühle ich mich als Mensch angenommen,
- erprobe und erfahre ich mein Selbstwertgefühl,
- erlebe ich Unabhängigkeit und kann Abhängigkeit akzeptieren,
- lerne ich Enttäuschungen zu verarbeiten,
- erfahre ich Zusammenarbeit,
- nehme ich an den Erfolgen der Gruppe teil.

Welches Verhalten erwartet die Gruppe von uns?

Wenn Menschen sich in einer Gruppe zusammenfinden, so entwickeln sie gemeinsame Werte, von denen sich die Verhaltensregeln für das Zusammensein in dieser Gruppe ableiten. Die Verhaltensregeln innerhalb einer Gruppe heißen **Normen**.

Die Mitglieder einer Fußballmannschaft müssen sich einer Reihe von Normen anpassen, die dem Gruppenziel, Spiele zu gewinnen, dienen, z. B. Pünktlichkeit beim Training, Einsatzwille, mannschaftsdienliches Spielen, Zuverlässigkeit etc.

Wie werden Gruppennormen durchgesetzt?

Verhält sich ein Spieler nicht mannschaftsdienlich, indem er eigensinnig spielt und den Ball zu lange hält, so wird er ausgewechselt, d. h. zumindest kurzfristig aus der Gruppe ausgeschlossen.

Bei abweichendem Verhalten gegen die Gruppennorm übt die Gruppe Druck aus, bei schweren Verstößen bestraft sie ihre Mitglieder durch Sanktionen, z. B. Ausschluß aus der Mannschaft. **Sanktionen** sind Maßnahmen, die die Gruppe trifft, um die Gruppennormen durchzusetzen.

Positive Sanktionen:
Zustimmung
Anerkennung
Lob
Belohnung
Beförderung

Negative Sanktionen:
Spott
Verachtung
Tadel
Strafe
Ausschluß

Die Beziehungen zwischen den Gruppenmitgliedern verändern sich

Eine besonders schwierige Situation ist die Entstehung einer Gruppe. So fühlen sich z. B. die Schüler einer neu gebildeten Schulklasse besonders unsicher gegenüber Mitschülern, die sie noch nicht kennen. Sie wissen nicht, wie sie sich verhalten sollen und warten erst einmal ab, was die anderen tun.

Nach der ersten Kennenlernphase in einer neuen Klasse, vielleicht nach zwei Wochen, haben die Schüler bereits erste Kontakte geknüpft. Jeder kennt zumindest einige Mitschüler etwas näher, Sympathien und Antipathien zeichnen sich ab, es kommt zu Auseinandersetzungen, Spannungen entstehen.

Das Wechselspiel der Kräfte in einer Gruppe bezeichnet man als **Gruppendynamik**. Sie kann dazu führen, daß die Gruppe sich durch ihre Zusammenarbeit gegenseitig so befruchtet und ansporntt, daß sie über sich selbst hinauswächst, z. B. durch besonderen Teamgeist in einer Mannschaft. Es kann aber auch sein, daß sich die Gruppenmitglieder gegenseitig hemmen und behindern, wie z. B. in einem schlecht organisierten Betrieb. Deshalb sind Gruppen, die auf Leistung ausgerichtet sind, auf einen Leiter angewiesen, der die Gruppenprozesse positiv steuern kann. Das ist im Sportverein der Trainer, in der Schule der Lehrer . . .

Gruppenprozesse

Auch wenn das typische Verhalten, das in einer Gruppe vom einzelnen erwartet wird, weitgehend feststeht, so hat das einzelne Gruppenmitglied doch die Möglichkeit, sein Verhalten individuell zu gestalten.
In jeder Gruppe lassen sich nach einiger Zeit bestimmte Positionen unterscheiden. Je nachdem wieviel Einfluß und Macht mit einer solchen Position verbunden ist, spricht man von einem höheren oder niedrigeren Rang der Person. Diese Rangunterschiede beruhen auf unterschiedlichen Eignungen und Neigungen, vor allem aber auf der Fähigkeit, die Regeln innerhalb einer Gruppe (Normen) zu beachten. Führer in einer Gruppe wird häufig das Gruppenmitglied, das die Gruppennormen am entschiedensten vertritt.

Rangordnung innerhalb einer Gruppe

Mögliche Positionen innerhalb einer Gruppe

Vermittler
Der Vermittler ist auf Ausgleich und Vermittlung innerhalb der Gruppe bedacht. Er versucht Spannungen abzubauen und den Zusammenhalt der Gruppe zu festigen.

Kritiker
Der Kritiker lehnt die Entscheidungen der Gruppe und des Gruppenführers ab. Er sieht Schwierigkeiten voraus und will seine eigenen Vorstellungen durchsetzen.

Mitläufer
Der Mitläufer ist selten maßgeblich an Entscheidungen der Gruppe beteiligt. Er schließt sich regelmäßig der Gruppenmehrheit an und macht alles mit, was die Gruppe oder die Gruppenführung beschließt.

Führer
Den höchsten Rang in einer Gruppe hat der Führer. Er muß besondere Fähigkeiten haben, die für die Gruppe wichtig sind. Er ist sich seiner Fähigkeiten, z. B. Stärke, Entschlossenheit, Intelligenz, Beliebtheit und seiner Stellung innerhalb der Gruppe durchaus bewußt.

Clown
Der Clown nimmt sich selbst nicht ernst und wird auch von den anderen nicht ernst genommen. Er nimmt einen niedrigen Rang in der Gruppe ein.

Sündenbock
Der Sündenbock ist für alles verantwortlich, was in der Gruppe schiefgeht. An ihm können sich die anderen abreagieren.

Außenseiter
Außenseiter stehen in der Rangordnung der Gruppe an unterster Stelle. Sie sind wegen ihrer Herkunft, ihres Aussehens, ihres Auftretens, ihrer Leistung oder ihrer Einstellung von der Gruppe nicht akzeptiert.

1. Was ist eine Norm?
2. Welche Normen gibt es innerhalb einer Schulklasse?
3. Wie werden Schüler dazu gebracht, die Normen innerhalb einer Klasse einzuhalten?
4. Welche Sanktionen kennen Sie?
5. Finden Sie Beispiele für typische Verhaltensweisen in Ihrer Clique, Ihrer Jugendgruppe.

1.3 Die soziale Rolle

Darum geht es:
Wie verhalte ich mich in einer Gruppe?
Welche Rollen spiele ich?
Warum fühle ich mich in manchen Gruppen wohl, in anderen nicht?

M 1 Jens ist Mitglied vieler Gruppen

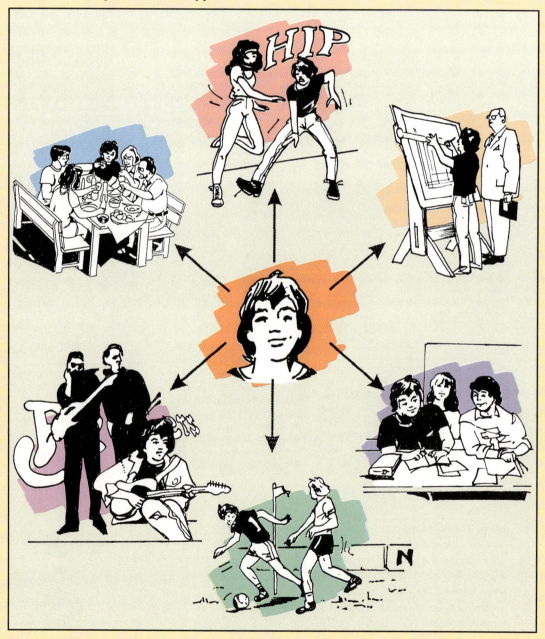

M 2 Man kann es nicht allen recht machen

Blaue Haare – Geil oder unmöglich

Große Schwestern nennen es Ausleben des Egotrips. Großeltern: Geschmacklosigkeit. „Man kennt ja die heutige Jugend!" Eltern zeigen sich möglicherweise erstaunlich liberal: „O nein, was hast du denn... Na ja, öfter mal was Neues." Klassenkameraden fällt dazu ziemlich alles ein – von: „Echt geil!" bis: „O je, war das Absicht?" Und ich selbst hatte dieses Gesprächsthema Nr. 1 auf dem Kopf: blaue Haare...

Anfangs war ich begeistert von all den Reaktionen. Poppig gelaunt, gab ich auf jede noch so dumme Frage („Na, Gebrauchsanweisung nicht gelesen?") Auskunft. Meine Begeisterung schwand jedoch schnell, als mir nicht ganz unwichtige Menschen lebhaft ihr Mißfallen bekundeten. Die Enttäuschung darüber konnte ich nur schwer verbergen, war ich doch überzeugt gewesen, daß mein Äußeres wirklich nicht so wichtig genommen werden durfte. Mit der Begeisterung schwand auch ein Stück Selbstvertrauen. Doch die Hauptsache sollte erst noch folgen: der Auftritt bei einem Schulkonzert an unserem gesellschaftlich strebsamen und anerkannten Gymnasium. Ich spielte Flöte, was bedeutete, daß ich auf einem zusätzlich erhöhten Podest sitzen mußte. Zu allem Überfluß trug ich auch noch einen roten Pullover. Was sollten die armen Bürger da anderes tun, als pikiert von mir Notiz zu nehmen? Daß ich keiner besonderen Gruppe angehöre, konnten sie natürlich nicht ahnen. „Ach, du meine Güte, ein Punker am humanistischen Gymnasium!" – „Das ist, Liebling, kein Punker, sondern ein Grufti." – Was auch immer, die Blicke waren noch eindeutiger als die Worte: „Sie merkt hoffentlich, daß sie hier fehl am Platze ist." In der Tat fühlte ich mich in dieser konservativen Gesellschaft äußerst unwohl. Ich begann mich darüber zu wundern, daß mir die Einstellung der Leute, mit denen ich doch fast täglich zu tun habe, vorher nicht aufgefallen ist. Ich brachte den Abend irgendwie hinter mich. „Kannst du damit leben?" Ich stellte fest: Nein, das kann ich nicht, und mein Entschluß, den Haaren so schnell wie möglich irgendeine „normale" Farbe zu geben, war gefaßt. Sie wurden mehr oder weniger rotblond. „Ja, jetzt siehst du wieder nett aus", lobten viele. Aber wollte ich das eigentlich: „nett" aussehen? Meine Englischlehrerin überraschte mich mit einer Bemerkung des Bedauerns: „Och, schade! Jetzt war endlich einmal wieder etwas Interessantes in Ihrem Jahrgang. Sie hatten etwas Farbe in unsere Anstalt gebracht!" Was sollte ich darauf antworten? Ich habe nichts gesagt, sondern mich nur stumm gewundert. Im nachhinein ärgere ich mich doch ein bißchen, daß ich so wenig Durchhaltevermögen bewiesen habe.

A. Kleinberg, Jugend schreibt – Zeitung in der Schule, Frankfurter Allgemeine Zeitung Nr. 155, 2. 11. 1992, S. 37.

1. Jens, 16 Jahre, ist Mitglied verschiedener sozialer Gruppen. Welche Erwartungen haben die anderen Gruppenmitglieder gegenüber Jens? (M 1)?
2. Wie reagieren die verschiedenen Gruppen der Gesellschaft auf die „blauen Haare" (M 2)?
3. Wie löst das Mädchen (M 2) ihren „Konflikt"?

Die soziale Rolle

Soziale Rollen

Einen Großteil unseres Lebens verbringen wir in Gesellschaft anderer. Im Umgang mit anderen müssen wir das Verhalten lernen, das von uns erwartet wird. Die Summe der Erwartungen, die eine Gruppe der Gesellschaft an unser Verhalten hat, nennen wir **soziale Rolle.**

Das Erlernen einer Rolle erfolgt in den Gruppen, in denen wir uns bewegen und richtet sich nach den Gruppennormen, die eng mit den Zielsetzungen einer Gruppe verbunden sind. Die Gruppe belohnt richtiges Verhalten und übt Druck aus bei abweichendem Verhalten (Sanktionen).

Wenn wir unser Verhalten den Erwartungen der Gruppe anpassen, erleichtert uns das den Umgang mit anderen Menschen.

Rollenvielfalt

Im Umgang mit anderen Menschen spielt der einzelne mehrere Rollen. So kann ein Jugendlicher zugleich die Rolle als Auszubildender, Berufsschüler, Gitarrist in einer Band, Fußballer, Sohn und Kumpel spielen. Dabei werden die Rollen durch die Gruppe bestimmt, der der einzelne angehört. Einige dieser Rollen werden zugewiesen durch Geburt (Mann/Frau, Sohn/Tochter) oder durch Alter (Jugendlicher/Erwachsener). Andere Rollen können erworben werden, z. B. als Lehrer, Ehefrau, Chefin, Klassensprecher etc.

Sozialisation

Der Mensch wächst durch das Erlernen von Rollen in die Gesellschaft hinein **(Sozialisation).** Die Sozialisation ist allerdings nicht auf die Kindheit beschränkt, sondern sie ist ein lebenslanger Prozeß.

Durch Erziehung, die hauptsächlich in der Familie stattfindet, werden Sprache, erwünschte Verhaltensweisen, Werte und Normen erlernt **(primäre Sozialisation).** Sie werden zu Teilen der eigenen Persönlichkeit und sitzen so tief (Gewissen), daß wir sie wie selbstverständlich befolgen, ohne nachzudenken.

Die **sekundäre Sozialisation** wird hauptsächlich durch Schule, Betrieb und Massenmedien vermittelt. Hier lernt der Mensch neue Rollen, um den veränderten Anforderungen in Gesellschaft, Beruf und Freizeit gerecht zu werden.

Rollen und Persönlichkeit

Durch die Sozialisation werden zwar Rollen erlernt, die uns in die Gesellschaft integrieren. Diese Rollen sind aber nicht so genau festgelegt, daß der Mensch in seinem Verhalten ähnlich wie ein Roboter programmiert wird. Vielmehr lassen sie Spielräume frei, die vom Inhaber einer Rolle gestaltet werden können. Wie gut jemand eine Rolle ausfüllt, z. B. als Klassensprecher, hängt vor allem davon ab, wie gut er die Gruppennormen vertritt.

Rollenkonflikte

An die verschiedenen Rollen, die der einzelne in unserer Gesellschaft spielt, sind unterschiedliche Erwartungen in bezug auf das Verhalten geknüpft. Die Eltern erwarten von ihrem Sohn, daß er nachmittags seine Hausaufgabe macht und sich sorgfältig auf die nächste Schulaufgabe vorbereitet – seine Freunde, daß er mit ihnen Fußball spielt. Beide Gruppen versuchen ihre Erwartungen durchzusetzen: Die Eltern fordern, daß er zu Hause bleibt und drohen mit Sanktionen wie Hausarrest oder Taschengeldentzug. Die Freunde reagieren mit Spott, vielleicht sogar mit Ausgrenzung, wenn er an ihrem Spiel nicht teilnimmt.

Die soziale Rolle

Da der Jugendliche nicht alle Erwartungen gleichzeitig erfüllen kann, entsteht ein **Rollenkonflikt.** Besteht ein Konflikt zwischen zwei verschiedenen Rollen einer Person (Rolle als Sohn – Rolle als Freund), so spricht man von **Interrollenkonflikt** (lat. inter, zwischen).
Werden von einer Person innerhalb der selben Rolle verschiedene Verhaltensweisen erwartet, handelt es sich um einen **Intrarollenkonflikt** (lat. intra, innerhalb). So erwartet der Schiedsrichter von einem Fußballspieler, daß er fair spielt, während seine Mannschaftskameraden im entscheidenden Moment von ihm eine „Notbremse" erwarten.

Rollenkonflikte sind nicht vermeidbar. Sie ergeben sich aus der Vielfalt der Rollen, die wir in der Gesellschaft zu spielen haben.

Konfliktlösungen

Folgende Regeln helfen bei der Bereinigung von Konflikten:

- Gesprächsbereitschaft
- gegenseitige Achtung
- Aussprechen der Bedürfnisse
- Ausdrücken der Gefühle
- gegenseitiges Verständnis
- Kompromißbereitschaft
- Aufdecken bzw. Vermeiden von Mißverständnissen
- Aufklärung der tatsächlichen Konfliktursachen

1. Stellen Sie den Begriff Rollenvielfalt anhand Ihrer eigenen Person dar!
2. Zwischen welchen dieser Rollen können Konflikte entstehen?
3. Was bedeutet Sozialisation?
4. Welche typischen Verhaltensweisen passen zu der folgenden Karikatur:

Der Abteilungsleiter

1.4 Rollen im Wandel

Darum geht es:
Warum ändern sich Rollen?
Was hat sich im Verhalten von Männern/Frauen heute geändert?
Geht's auch ohne Ehe?

M 1 Gestern und heute

Aus dem Bürgerlichen Gesetzbuch von 1896:

§ 1354: Dem Manne steht die Entscheidung in allen das gemeinschaftliche Leben betreffenden Angelegenheiten zu; er bestimmt insbesondere Wohnort und Wohnung.

Aus dem Bürgerlichen Gesetzbuch von heute:

§ 1356: Die Ehegatten regeln die Haushaltsführung in gegenseitigem Einvernehmen. Ist die Haushaltsführung einem der Ehegatten überlassen, so leitet dieser den Haushalt in eigener Verantwortung. Beide Ehegatten sind berechtigt, erwerbstätig zu sein.

M 2 Rollenklischees

Männer	Frauen
konkurrierend	passiv
stark	abhängig
kontrolliert	emotional
verantwortungsvoll	unlogisch
fasziniert von Großtaten	natürlich
intelligent	arglos
gefühlsreduziert	schön
weint nicht	sensibel
technisch veranlagt	fürsorglich
dominant	gepflegt
beschützend	geduldig
kompetent	gute Mütter
logisch	sanft, warm
viril	launisch
Familienernährer	romantisch
initiativ im Sex	verführerisch
unabhängig	künstlerisch
Autorität	psychisch nicht belastbar
sportlich	physisch schwach
Sex = Leistung	Sex = Liebe

"Spiegel" Nr. 40, 43. Jahrg., 2. 10. '89

M 3 Wandel der Familie

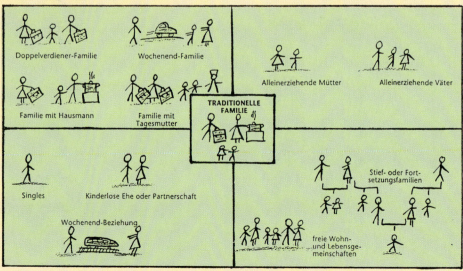

Zeichnung: Katrin Fiederling in: Focus Nr. 7, 15. 2. 1993, S. 98 (geringfügig geändert)

M 4 Ein modernes Mädchen

Karikatur: Rauschenbach, Cartoon-Caricature-Contor

1. Welche unterschiedlichen Auffassungen zu Berufstätigkeit und Haushaltsführung der Frau zeigt der Gesetzgeber 1896 und heute? (M 1)
2. Stimmen die Rollenklischees (M 2) mit der Wirklichkeit in unserer Gesellschaft überein?
3. Welche Alternativen zur traditionellen Familie können Sie in der Graphik (M 3) erkennen?
4. Überlegen Sie bei diesen Formen des Zusammenlebens die möglichen Konsequenzen für die Partner, bzw. für Kinder!
5. Welches Problem wird in der Karikatur (M 4) angesprochen?

Rollen im Wandel

Rollenwandel

Menschen nehmen in unserer Gesellschaft nicht nur unterschiedliche Rollen ein (Rollenvielfalt); die gesellschaftlichen Anforderungen, die an uns als Träger einer Rolle gestellt werden, ändern sich ständig (**Rollenwandel**).

Einen Rollenwandel finden wir z. B. im beruflichen Bereich. Durch den Einsatz von Computern und Robotern verändern sich Berufsrollen oft dramatisch. Früher konnte ein Abteilungsleiter über eine Reihe von Mitarbeitern verfügen, die ihm zuarbeiteten. Bedingt durch massive Einsparungen von Arbeitskräften, werden heute diese Aufgaben von Sachbearbeitern miterledigt, die für Post und Terminplanung mit einem Computerarbeitsplatz ausgestattet sind.

Rollenwandel wird aber auch durch persönliche Veränderungen verursacht. So wird älteren Menschen oft erst in der Straßenbahn ein Rollenwandel schmerzhaft bewußt, wenn ihnen von Jüngeren ein Sitzplatz angeboten wird: der Wandel von der Erwachsenen- zur Altersrolle.

Änderung der Geschlechterrolle

Vor allem die Rollen der Geschlechter in unserer Gesellschaft sind in den letzten Jahrzehnten einem starken Wandel unterworfen. In der vorindustriellen Zeit galt der Mann als Familienoberhaupt. Die Frau war ihm untergeordnet, hatte aber ihren eigenen anerkannten Aufgabenbereich (Haushalt, Kindererziehung, Garten, Mitarbeit im Betrieb).

In der modernen Industriegesellschaft wird die beherrschende Stellung des Mannes als alleinigem Ernährer zurückgedrängt zugunsten eines partnerschaftlichen Modells, in dem Mann und Frau sich in bezug auf Familienunterhalt, Hausarbeit, Kindererziehung und Zusammenleben gleichberechtigt gegenüberstehen.

Die Frauenrolle

Folgende gesellschaftlichen Veränderungen haben zu einem Wandel der Frauenrolle beigetragen:
- Wertewandel (z. B. das gesunkene gesellschaftliche Ansehen von Hausarbeit, Ehe und Mutterschaft),
- die Veränderung des Eherechts im Hinblick auf Haushaltsführung und Berufstätigkeit,
- die Veränderung des Scheidungsrechts (Lebensunterhalt durch eigene Berufstätigkeit),
- Verbesserung der Planungsmöglichkeiten von Schwangerschaft,
- Verbesserung der Bildungs- und Berufschancen der Frauen
- der Einsatz der Frauenbewegung für die Rechte der Frauen

Frauen im Beruf (in %)[1]

Alter von ... bis unter ... Jahre	Früheres Bundesgebiet		Neue Länder und Berlin-Ost
	1962	1993	1993
15–20	71,9	33,0	37,4
20–25	71,2	70,7	82,9
25–30	51,1	72,1	93,7
30–35	44,8	68,1	96,0
35–40	46,2	69,9	96,7
40–45	46,2	73,3	96,5
45–50	43,5	69,5	94,9
50–55	39,6	61,7	90,6
55–60	33,7	46,9	26,4
60–65	21,7	11,7	2,7

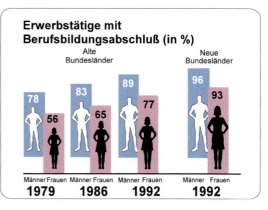

Erwerbstätige mit Berufsbildungsabschluß (in %)

[1] einschließlich arbeitslos gemeldete Frauen

Rollen im Wandel

Heute sind mehr als die Hälfte aller Frauen berufstätig. Die Familien haben sich verkleinert, die Kinderzahlen verringert. Frauen heiraten später, machen zuerst ihre Berufsausbildung und immer häufiger Karriere. Während noch vor wenigen Jahrzehnten Frauen ihre Kinder zwischen dem 20. und 25. Lebensjahr bekamen, hat sich das Durchschnittsalter der Mütter heute wesentlich erhöht. Die Berufstätigkeit spielt für den Lebensentwurf vieler Frauen eine immer größere Rolle. Vor allem junge Frauen erwarten deshalb in Familie und Beruf Gleichberechtigung und Partnerschaft. Diese Erwartungen stoßen jedoch auf Grenzen auf dem Arbeitsmarkt, wo häufig immer noch Männer bevorzugt werden.

Die Männerrolle

Früher galt der Mann als Schöpfer der Kultur. Er hat die Wildnis gerodet, Felder urbar gemacht, Frauen und Kinder beschützt. Heute sind Eroberer und Abenteurer nicht mehr gefragt; vielmehr muß die Erde vor rücksichtsloser Ausbeutung beschützt werden. Auf die geänderten gesellschaftlichen Anforderungen müssen sich die Männer neu einstellen.
Auch auf dem Arbeitsmarkt müssen Männer immer häufiger mit Frauen konkurrieren. Frauen, die mehr verdienen, und weibliche Chefs, die auch Männern vorstehen, sind keine Seltenheit mehr. Hat der Mann bisher neben seiner Position als Hauptenährer vor allem in das öffentliche Leben gestaltend eingegriffen, z. B. als Politiker oder als Mitglied in Vereinen und Verbänden, so muß er heute immer stärker Haushaltspflichten übernehmen und sich an der Kindererziehung beteiligen.
Eigenschaften, die noch vor kurzer Zeit als typisch männlich oder typisch weiblich festgelegt waren, verschieben sich.

Alternativen zur traditionellen Familie

Die finanzielle Unabhängigkeit und das veränderte Selbstbewußtsein vieler Frauen hat darüber hinaus Konsequenzen für das Zusammenleben zwischen Mann und Frau. Immer mehr Frauen und Männer entscheiden sich heute dazu, alleine zu leben. Immer öfter leben Partner ohne Trauschein zusammen.
Eine Vielfalt von möglichen Lebensentwürfen drängt die traditionelle Familie mit dem berufstätigen Vater und der Mutter, die den Haushalt versorgt und die Kinder erzieht, zurück. Entscheiden sich Frauen für Familie, Kind und Beruf gleichzeitig, so müssen sie sich dies oft mit Mehrbelastung erkaufen, da viele Männer immer noch stark der traditionellen Männerrolle verhaftet sind. Immer häufiger kommt es zu Trennungen, Scheidungen. Leidtragende sind in diesen Fällen oft die Kinder.

1. Was versteht man unter Rollenwandel?
2. Ordnen Sie die folgenden Eigenschaften der traditionellen Männer-/Frauenrolle zu: nett, hübsch, ausfallend, frech, lieb, intelligent, erobernd, hilfreich, schwach, passiv, wagemutig, abenteuerlustig, leicht erregbar, stark, aktiv, häufig den Tränen nahe, manchmal unsozial
3. Welche Eigenschaften passen heute nicht mehr zu einer neuen Männer-/Frauenrolle?
4. Nennen Sie Gründe für den Rollenwandel von Frauen und Männern!
5. Wie beurteilen Sie den Rollenwandel? Gibt es auch negative Auswirkungen?

Gewußt?

Übertragen Sie das Kreuzworträtsel in Ihr Heft!

1. Maßnahmen, mit denen Menschen zu einem bestimmten Verhalten angehalten werden
2. Das Erlernen von Rollen
3. Die Schwierigkeit, zwei verschiedene Rollen auszufüllen
4. Unterschiedliche Stellungen in einer Gruppe
5. Verhaltensregeln
6. Mehrere Menschen, die untereinander in Beziehung treten
7. Eine Primärgruppe
8. Die Verhaltensweise, die in einer Gruppe von einem Gruppenmitglied erwartet wird

2 Politische Mitwirkung im demokratischen Staat

Karikatur: Jan Tomaschoff, Cartoon-Caricature-Contor

2.1 Jugend und politische Mitwirkung – eine Einführung

1. Junge Leute sorgen sich um ihre Umwelt (M 1):
1.1 Welche Aussagen würden Sie unterstützen;
1.2 Gibt es Meinungen, mit denen Sie nicht übereinstimmen?
2. Betroffenheit reicht nicht!
Wer an der Lösung von Problemen mitarbeiten will, der muß sich engagieren (M 2):
2.1 Mit welchen der genannten Beteiligungsformen glauben Sie, am wirksamsten politische Ziele vertreten zu können?
2.2 Machen Sie Vorschläge, wie man das politische Engagement von Schülerinnen und Schülern steigern könnte!
3. Wer mitreden und mitarbeiten will, der muß auch etwas wissen: Er muß wissen, wie und wo politische Entscheidungen fallen (M3).
In den Kapiteln 2 und 3 lernen wir wichtige Mitwirkungsmöglichkeiten der Bürger und die entscheidenden politischen Institutionen der Bundesrepublik kennen.

M 1 Was ich mir wünsche – eine Umfrage

Was ich mir wünsche...

Thomas, 16 Jahre:
Natürlich beschäftigt mich das Ozonloch. Mich stören auch die Autoabgase. Doch am meisten beschäftigt mich das Müllproblem. Was da in unserem Haushalt in einer Woche alles zusammenkommt! Mich stört auch, daß dort, wo ich wohne, der Müll immer noch nicht getrennt wird. Ich wünsche mir, daß unser Müllproblem endlich beseitigt wird.

Tobias, 13 Jahre:
Ich möchte, daß keine neuen Skipisten mehr gebaut werden. Viele Berge sehen ganz fürchterlich aus. Man sollte auch mehr mit Wind- und Sonnenenergie machen. Wichtig ist mir ebenfalls, daß der Regenwald geschont wird. Das wilde Abholzen muß verboten werden!

Roderick, 16 Jahre:
Mich nervt der starke Autoverkehr. Der müßte im privaten Bereich eingeschränkt werden. Notfalls mit drastischen Preiserhöhungen für Benzin, wenn man mit vernünftigen Appellen an die Autofahrer, ihr Auto stehenzulassen, nicht weiterkommt.

Sabine, 15 Jahre:
Ich wünsche mir sauberere Flüsse und Seen zum Baden. Ich möchte auch ohne Angst vor Unfällen in Atomkraftwerken in diesem Land leben können. Mir ist klar, daß unsere Gesellschaft ohne genügend Energie nicht funktionieren kann. Alternative Energien sollten mehr gefördert werden. Auch sollte Energie durch bessere Dämmung der Häuser gespart werden. Und Autos sollten nicht mehr so viel Kraftstoff verbrauchen. Wenn dann noch die Tiere besser geschützt und der Müllberg nicht mehr wachsen würde, dann wäre das schon ein großer Schritt.

Lennart, 14 Jahre:
Wenn gesagt wird, daß öffentliche Verkehrsmittel mehr genutzt werden sollen, muß auch der Preis hierfür stimmen, d. h. die Fahrpreise müssen billiger sein. Wer trotzdem mit dem Auto in die Stadt fährt, sollte eine Straßenbenutzungsgebühr und höhere Parkgebühren zahlen. Alle Menschen sollen versuchen, unsere Umwelt besser zu schützen.

aus: Wir und unsere Umwelt, Heft 1, 1995, S. 3

M 2 Was ich machen kann

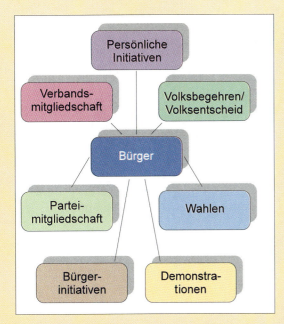

Politische Mitwirkung 1990 in %	Alter: 16–29	30–44	45–59	über 59	Män-ner	Frau-en
Wähle regelmäßig	51	76	74	70	72	64
Unterrichte mich laufend	48	63	63	57	68	48
Habe öfter politische Unterhaltungen	43	47	46	35	55	33
Habe und vertrete Überzeugungen	42	46	41	37	51	33
Besuche politische Veranstaltungen	9	14	12	10	15	8
Habe mich vor der Wahl für eine Partei eingesetzt	5	9	10	15	12	8
Beteilige mich an Protestdemonstrationen, unterstütze Proteste	13	9	4	2	7	7
Beteilige mich politisch in Partei, Verband, Verein	5	10	7	5	10	4

Umfragen 3061 und 5031 des Allensbacher Instituts für Demoskopie vom Januar 1990, alte Bundesländer, zit. nach: Junges Wort – Informationsdienst (XXXI) vom 13. 9. 1990, S. 3

M 3 Wie die Entscheidungen fallen

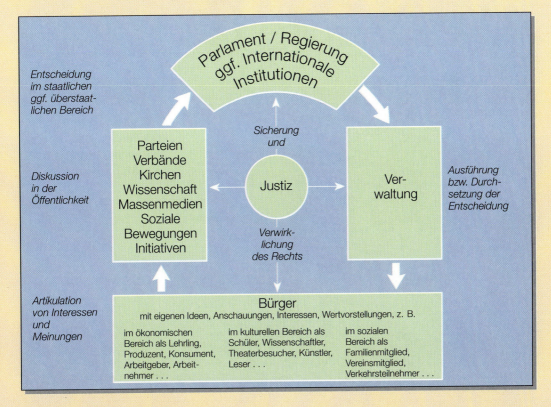

2.2 Zur Rolle der Massenmedien im politischen Leben

Darum geht es:
Verdirbt das Fernsehen Kinder und Jugendliche?
Kann man den Medien glauben?
Welche wichtigen Aufgaben erfüllen Medien?

M 1 „Kannst mal die Kamera etwas höher halten, Kumpel!"

Karikatur: Horst Haitzinger, Cartoon-Caricature-Contor

M 2 „Kannst mir mal erklären, wie unser Kleiner neuerdings auf so'n Stuß kommt?"

Karikatur: LUFF, Cartoon-Caricature-Contor

M 3 Medienvielfalt und Medienkonsum

Der Medienkonsum der Bundesbürger liegt im Durchschnitt bei sechs Stunden täglich. 1994 hörte ein Bundesbürger im Tagesdurchschnitt 158 Minuten Radio, saß täglich etwa 122 Minuten vor dem Fernseher und nahm sich 71 Minuten Zeit zum Lesen von Zeitungen, Zeitschriften und Büchern. Woche für Woche lesen 5–6 Millionen Jugendliche die Zeitschrift „Bravo", etwa jeder dritte Mittelstufenschüler! Keine Frage – aus unserer Freizeitgesellschaft sind die Medien nicht mehr wegzudenken. 2500 Zeitschriften waren 1994 auf dem Markt, im gleichen Jahr erschienen 114 000 neue Bücher in der Bundesrepublik, und über 20 Millionen Tageszeitungen wurden täglich verkauft.

Schule aktuell Nr. 2, 1991, S. 18

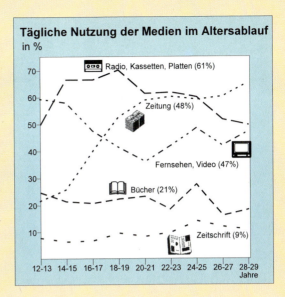

M 4 Fernsehkonsum und die Folgen . . .

Auf die Frage „Was passiert mit Kindern, die viel fernsehen?" nannten nur 7 Prozent der jungen Zuschauer positive, aber 93 Prozent negative Folgen. Der Zeichner hat eine Auswahl davon aufgespießt: Man bekommt schlechte Augen, wird dumm, nervös, aggressiv und hat keine Freunde.

Schule aktuell Nr. 2, 1991, S. 18

1. Welche Probleme werden in den beiden Karikaturen kritisiert? (M 1, M 2)
2. Sind die Vorwürfe gerechtfertigt? Sprechen Sie in Ihrer Klasse darüber!
3. Welche Medien gibt es? (M 3)
4. Fernsehkonsum und die Folgen:
4.1 Warum sitzen Kinder und Jugendliche trotz der negativen Einschätzung des Fernsehkonsums so lange vor dem Bildschirm? (M 3, M 4)
4.2 Wie beurteilen Sie die Antworten auf die Frage nach den Folgen des Fernsehkonsums? (M 4)
4.3 Medienschelte ist populär: Kennen Sie positive Leistungen von Presse, Rundfunk, Fernsehen?

Zur Rolle der Massenmedien im politischen Leben

Aufgaben der Medien in der Demokratie

Die Medien, d. h. die Presse, Hörfunk und Fernsehen, haben drei sich zum Teil überschneidende politische Aufgaben: Information der Bürger – Mitwirkung an deren Meinungsbildung – Kontrolle und Kritik.

- Der Leser erwartet z. B. von der Tageszeitung **Informationen** über politische, wirtschaftliche, kulturelle und kommunale Angelegenheiten. Die Medien sind gehalten, die Öffentlichkeit über alle wichtigen Tatsachen wahrheitsgetreu zu unterrichten, damit die Staatsbürger in der Lage sind, das öffentliche Geschehen zu verfolgen.
- Durch Berichterstattung und Kommentar beeinflussen die Medien die **Meinungsbildung**. Der Leser ebenso wie der Fernsehzuschauer muß sich darüber im klaren sein, daß das Ereignis, über das er informiert wird, ausgewählt, geformt, vielleicht auch verzerrt oder gar verfälscht wurde.
- Daß die Medien in der Bundesrepublik ihre **Kritik- und Kontrollfunktion** mit Erfolg wahrnehmen, könnte eine lange Liste an Beispielen belegen. Dieses Aufspüren von Mißständen und ihre Kritik in der Öffentlichkeit führte u. a. zu Rücktritten von Politikern, zu parlamentarischen Anfragen und zu Untersuchungsausschüssen des Deutschen Bundestages.

Medienvielfalt

Neben den gedruckten Medien (Zeitungen, Magazine, Zeitschriften, Illustrierte) sorgen die gesendeten Medien (Hörfunk, Fernsehen) für jene Meinungsvielfalt, die eine wesentliche Voraussetzung für eine lebensfähige Demokratie ist.
Vor allem im Bereich des Fernsehens gab es durch die Entwicklung neuer Techniken (Satelliten- und Kabelfernsehen) eine sprunghafte Zunahme von Sendern. Auch ausländische Programmanbieter können jetzt problemlos empfangen werden. Diesen Möglichkeiten tragen auch neue übernationale Sendeanstalten Rechnung (z. B. *Arte* mit einem zweisprachigen Programm).

Rundfunk und Fernsehen als öffentlich-rechtliche Anstalten

ARD (Arbeitsgemeinschaft der öffentlich-rechtlichen Rundfunkanstalten der Bundesrepublik Deutschland) und ZDF (Zweites Deutsches Fernsehen) sind öffentlich-rechtliche Einrichtungen, in denen gewählte Gremien alle wichtigen Personal- und Programmentscheidungen treffen. Sie bemühen sich um ein möglichst breites informatives (Politik, Wirtschaft), kulturelles und unterhaltendes Programm.

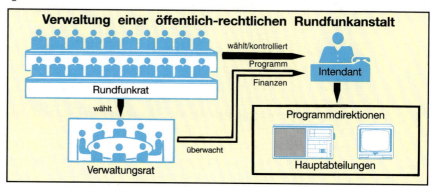

Zur Rolle der Massenmedien im politischen Leben

Der **Rundfunkrat** ist das oberste Organ. Die Mitglieder des Rundfunkrates in Bayern werden entsandt vom Senat, dem Landtag, der Landesregierung, vor allem aber von gesellschaftlichen Gruppen, wie Kirchen, freien Berufen, Gemeinden, Unternehmen, Gewerkschaften, Lehrer-, Eltern- und Sportverbänden.

Seit 1984 gibt es neben den öffentlich-rechtlichen auch private Sendeanstalten in der Bundesrepublik Deutschland. Diese Sender werden von privaten Unternehmen unterhalten und finanzieren sich durch Werbeeinnahmen. Die beiden privaten Sendeanstalten SAT.1 und RTL haben etwa die gleichen Zuschauerquoten wie ARD und ZDF erreicht. Sie haben somit die dritten Programme der Öffentlich-rechtlichen überflügelt.

Private Sendeanstalten

Gefahren drohen der Meinungsvielfalt durch die Medienkonzentration, denn eine marktbeherrschende Stellung im Presse- und Kommunikationswesen kann bedeuten: Einfluß auf die Leser bzw. Zuschauer oder Zuhörer, Einfluß auf Parteien, Verbände, andere Verleger und schließlich auch auf Journalisten. Dieser Einfluß könnte z. B. durch politische Einseitigkeit für einen demokratischen Staat gefährlich werden.

Medienkonzentration

Die Medienkonzerne Bertelsmann, Kirch, Springer (1994)
(Ausgewählte Beteiligungen)

	Bertelsmann-Konzern	Beteiligung	Kirch-Gruppe	Beteiligung	Springer-Konzern	Beteiligung
Fernsehen	RTL	38,9 %	SAT.1	43 %	SAT.1	20 %
	RTL 2	27,8 %	Premiere	25 %	Deutsches Sportfernsehen	24,9 %
	Premiere	37,5 %	Pro 7	47,5 %		
	VOX	24,9 %	Der Kabelkanal	45 %		
Radio	Antenne Bayern	16 %	Radio Arabelle	5 %	Radio Hamburg	35 %
	Klassik Radio	70 %	Radio Schlesw.-Holst.	17,3 %	Antenne Bayern	16 %
Presse	Gruner + Jahr	74 %	Axel Springer Verlag	35 %	Bild	Welt am Sonntag
	Manager magazin	24,9 %	Filmland Presse		Bild am Sonntag	Hörzu
	Marie Claire (Joint-venture)		Ringier Holding B. V.	49 %	Sport Bild	Funk Uhr
	Max	25 %			Auto Bild	Bildwoche
	Der Spiegel	24,75 %			Bild der Frau	TV neu
	Morgenpost/fünf Ausg.				Die Welt	Journal für die Frau

nach: Die Woche, 7. 4. 1994

Art. 5 Abs. 1 GG garantiert die Pressefreiheit. Daraus erfolgt die Verpflichtung des Staates, jene Gefahren abzuwehren, die einem freien Pressewesen, z. B. durch Konzentrationsbewegungen, drohen. Deshalb hat das Bundeskartellamt 1981 die „Elefantenhochzeit" zwischen den Verlagshäusern Springer und Burda verboten.
Auch selbst darf der Staat keinen Einfluß auf die Berichterstattung nehmen, insbesondere ist jede Zensur verboten, d. h. staatliche Stellen dürfen den Inhalt von Publikationen vor ihrem Erscheinen nicht kontrollieren.

Pressefreiheit

1. Welche Aufgaben haben die Medien in der Demokratie?
2. Welche Gefahren drohen durch die Pressekonzentration?
3. Erarbeiten Sie Unterschiede zwischen den öffentlich-rechtlichen und den privaten Sendeanstalten! Stichworte können sein: Eigentumsverhältnisse, Finanzierung, Kontrollgremien, Programmangebot.

2.3 Bürgerinitiativen im politischen Prozeß

Darum geht es:
Kennen Sie Aktivitäten von Bürgerinitiativen in Ihrem Wohnort?
Warum engagieren sich Bürger in solchen Initiativen?
Verhindern Bürgerinitiativen notwendige Entscheidungen?

M 1 Fallbeispiel: Bürgerinitiative „Ohne Autolärm wohnen!"

Verehrte Mitbürger!
WISSEN SIE, WAS UNS BEVORSTEHT?
Wenn die Stadt ihre derzeitige Planung verwirklicht und die Ottostraße als einzigen Anschluß des Waldviertels an den Innenstadt-Zubringer anbindet?
Laut Planung der Stadtverwaltung soll der neue Zubringer in 24 Stunden, d. h. also täglich rund 17 000 Fahrzeuge aufnehmen. Man darf wohl annehmen,
daß davon auf die Ottostraße etwa $1/4$, also ungefähr   4000 Fahrzeuge entfallen.
Aus dem Waldviertel (Quell- und Zielverkehr) ist zu rechnen
mit weiteren rund   1000 Fahrzeugen.
Dazu kommen aus dem Parkhaus Schützenstraße ca.   1000 Fahrzeuge.
Das ergibt in der Ottostraße *täglich* rund   6000 Fahrzeuge.
Das ergibt in der Ottostraße *stündlich* rund   500 Fahrzeuge.
In den Spitzenzeiten des Verkehrs ist also mindestens alle 5 Sekunden ein Fahrzeug anzusetzen. Was das für uns alle bedeutet, können Sie sich selbst vorstellen! Wir müssen mit allen Mitteln verhindern, daß der Verkehr nur in unserer Straße konzentriert wird!

WAS WILL DIE INITIATIVE EIGENTLICH???
Die Antwort gibt Ihnen unsere Vereinssatzung: § 2 Der Verein bezweckt die Vertretung der Interessen der Anwohner der Ottostraße und deren unmittelbarer Nachbarschaft und dient vernehmlich der Wahrung des Charakters dieser Straße als Wohnstraße, insbesondere im Hinblick auf den Neubau des geplanten „Innenstadt-Zubringers" und damit zusammenhängender Verkehrsregelungsmaßnahmen.
Warum wir uns als Verein organisiert haben?
– Weil wir gemeinsam stärker sind, als wenn jeder einzelne für sich bleibt.
– Weil wir als Verein auch juristisch mehr Gewicht haben.
– Weil wir in einem Verein die finanziellen Mittel leichter aufbringen, die notwendig sind, um den Rechtsweg beschreiten zu können.
In Ihrem eigenen Interesse laden wir Sie ein, Mitglieder zu werden in unserem Verein:

INITIATIVE „Ohne Autolärm wohnen!"
Der Verein erhebt von seinen Mitgliedern einen Beitrag von monatlich DM 1,50 (wobei Familienmitglieder auf Antrag auch ohne Beitragszahlung Mitglied des Vereins werden können). Vorstand, Beirat und Aktionsausschuß des Vereins arbeiten ehrenamtlich.
                      Mit freundlichen Grüßen
                      gez. E. Still, 1. Vorsitzender
                      Ottostraße 9

M 2 Stadtplan

M 3 Oberbürgermeister Dr. Gerecht: Lautstärke „ist nicht entscheidend"

In seiner Festansprache zur 75-Jahr-Feier des Bürgervereins Vorstadt betonte Oberbürgermeister Dr. Gerecht, er wisse sehr wohl zwischen Bürgerinitiativen, die sich für das Allgemeinwohl einsetzten, und solchen, die lautstark eigene Interessen verträten, zu unterscheiden. Der Oberbürgermeister erklärte, warum gerade im Interesse der Allgemeinheit der Bürger dem Wunsch, auch die Sodenstraße an den neuen Innenstadt-Zubringer anzubinden, nicht entsprochen werden könne: Das Waldviertel gehört mit seinen Altersheimen zu den ausgeprägten Wohngebieten der Stadt. Jede vernünftige Stadtplanung versucht aus Straßen eines Wohnviertels den Durchgangsverkehr herauszuhalten, indem sie ihn auf leistungsfähige Verkehrsadern verweist. Die Verhinderung dieses Verkehrs in den Straßen des Waldviertels liegt selbstverständlich im Interesse der Allgemeinheit, zumal alle Bewohner dieses Gebietes daraus Nutzen ziehen.

Die Anwohner der Sodenstraße haben eine mitgliederstarke Interessengemeinschaft gegen die Anträge der Interessengemeinschaft „O-A-W" gegründet. Es geht jedoch nicht an, die Planung nach der Zahl der Unterschriften oder der Hartnäckigkeit oder Lautstärke, mit der die Interessen verfolgt werden, auszurichten. Entscheidend muß allein das allgemeine Wohl der Bürgerschaft sein.

Die Zeitung, 28. 6. 1994

M 4 Bayerischer Verwaltungsgerichtshof lehnte Antrag ab

Wie Oberstadtdirektor Aktenkundig mitteilte, hat sich die Stadt in dem von vier Mitgliedern der „Initiative O-A-W" angeregten einstweiligen Anordnungsverfahren durchgesetzt. Die vier Mitglieder der Initiative hatten beim Bayerischen Verwaltungsgerichtshof in München beantragt, bis zur Entscheidung über den Bebauungsplan 134 b den Weiterbau des Innenstadt-Zubringers zu stoppen.

Die Zeitung, 18. 7. 1994

M 5 Später Erfolg für „O-A-W"

Seit Montag sind städtische Bautrupps damit beschäftigt, in der Ottostraße geschwindigkeitshemmende Aufpflasterungen an den Kreuzungen anzubringen. Wie das Straßenverkehrsaufsichtsamt weiter mitteilte, werden an allen Eingangsstraßen ins Waldviertel die „Zonen-30-Schilder" aufgestellt. Gleichzeitig soll an allen Kreuzungen die Vorfahrtsregelung „rechts vor links" eingeführt werden.

Die Zeitung, 19. 2. 1995

1. Stellen Sie den Fall „Bürgerinitiative: Ohne Autolärm wohnen" dar, indem Sie die Interessenlage und das Vorgehen der Beteiligten erläutern! (M 1–M 4)
2. Beschreiben Sie anhand dieses Falles das Spannungsverhältnis zwischen den Interessen der Anwohner der Ottostraße und dem Wohl aller Bürger der Traumstadt! (M 1–M 4)
3. Welchen späten Erfolg hat die Bürgerinitiative doch noch erzielt? (M 5)

Bürgerinitiativen in der Bundesrepublik Deutschland

Bürgerinitiativen sind weit verbreitet: Über 40 000 sind in den vergangenen zehn Jahren gezählt worden! So gibt es in fast jeder Stadt Bürgerinitiativen gegen den Bau einer Straße. Startzeichen für diese Entwicklung in der Bundesrepublik Deutschland war die „Rote-Punkt-Aktion" gegen Fahrpreiserhöhungen in Hannover im Jahre 1969.

Zur Zeit führen Bürgerinitiativen einen Kampf gegen den Bau einer neuen ICE-Trasse von München über Nürnberg und Erfurt nach Berlin.

Bürgerinitiativen im politischen Prozeß

Bürgerinitiativen lassen sich als neue Form von Interessengruppen definieren. Ihr Hauptanliegen ist es, die öffentliche Meinung zu beeinflussen; sie verstehen sich

- als Instrument der Kritik gegenüber Parteien, Verbänden und Verwaltung,
- sie konzentrieren ihre Aktivitäten auf ein bestimmtes Anliegen und
- lösen sich – in der Regel, wenn sie ihr Ziel erreicht haben – wieder auf.

Verbände und Bürgerinitiativen haben ein gemeinsames Merkmal: Sie verzichten darauf, nach unmittelbarer Regierungsverantwortung zu streben. Darin unterscheiden sie sich von den politischen Parteien. In der Bundesrepublik Deutschland ist die Bildung von solchen gesellschaftlichen Vereinigungen durch die Koalitions- und Vereinigungsfreiheit des Art. 9 GG geschützt, die Aktivitäten von Verbänden und Bürgerinitiativen stehen auch unter dem Schutz von Art. 5 (Recht der freien Meinungsäußerung) und von Art. 8 GG (Versammlungsfreiheit).

Das Beziehungsgeflecht von Bürgerinitiativen, Verbänden, Parteien und staatlichen Institutionen in der pluralistischen Gesellschaft veranschaulicht das folgende Modell:

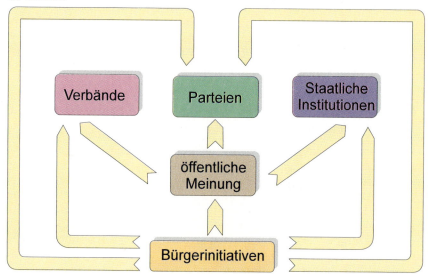

Aktionsformen

Bürgerinitiativen sind sehr einfallsreich, um die öffentliche Meinung für ihre Ziele zu gewinnen und auf den Prozeß der politischen Willensbildung in Verbänden, Parteien und staatlichen Institutionen Einfluß zu nehmen.

Dies belegt der Rückblick auf zwölf Monate Arbeit der Bürgerinitiative „Das bessere Bahnkonzept". Dieses Alternativkonzept will den Ausbau bestehender Bahnlinien zwischen Nürnberg und Berlin, während das „Verkehrsprojekt Deutsche Einheit" eine neue ICE-Trasse zwischen Lichtenfels und Leipzig plant.

Aus dem Terminkalender

April '93	
27.	Pressekonferenz in Bamberg
Mai '93	
1./2.	Aktionstage an der gesamten Strecke; Menschenkette in Ebensfeld mit 600 Personen
6.	Bürgerversammlung in Erlangen
14.	Regionaler Planungsausschuß Oberfranken-West, Stellungnahme
19.	Podiumsdiskussion mit MdB Heide Mattischek (Verkehrsausschuß Deutscher Bundestag) in Grub a. Forst
23.	Politischer Frühschoppen mit MdB Günter Verheugen (SPD), in Ebing
Juni '93	
5.	Demo-Veranstaltung in Langewiesen, Thüringen
8.	Info-Veranstaltung Freizeitzentrum Eltersdorf mit Streckenplaner Müller und Erlanger MdB Friedrich (CSU)
Sept. '93	
4.	Anti-ICE-Open-air-Konzert mit „Feelsaitig" in Altenbanz
29.	BI-Delegation im Bonner Verkehrsministerium, Bundesverkehrsminister Wissmann verweigert die Annahme der 50 000 Unterschriften
Januar '94	
12.	Podiumsdiskussion mit Bamberger OB-Kandidat Herbert Lauer
14.	Fackelzug im Banzgau mit 600 Personen
25.	Demonstration in Coburg anläßlich der gemeinsamen Sitzung der bayer. und thüring. Regierungskabinette. Übergabe von mehr als 50 000 Protestunterschriften an die Ministerpräsidenten; zwölf Bürgermeister übergeben zusätzlich Protest-Petition. 17.30 Uhr Demo vor dem Rathaus in Rödental anläßlich des Besuches von Ministerpräsident Stoiber

Zur Beurteilung von Bürgerinitiativen

Ende 1990 plädierten fast die Hälfte aller Bürger in Deutschland für mehr Verständnis gegenüber Bürgerprotesten. Es gibt gute Gründe für die Popularität von Bürgerinitiativen. Sie arbeiten spontan und unbürokratisch, sind meist überschaubare Gruppen und häufig erfolgreich, weil sie sich auf ein Anliegen beschränken. Sie kontrollieren insbesondere die kommunalen Behörden, sie bringen von Parteien und Verbänden vernachlässigte Probleme, welche die Bürger unmittelbar betreffen, in die öffentliche Diskussion.
Bürgerinitiativen müssen sich aber auch kritischen Fragen stellen: Sind sie repräsentativ, d. h. sind alle Schichten der Gesellschaft ausgewogen vertreten? Blockieren sie nicht notwendige Entscheidungen und Maßnahmen demokratisch legitimierter Amtsträger? Vergessen sie nicht nur zu leicht das Gemeinwohl bei ihren Aktionen?
Bei der Beurteilung von Bürgerinitiativen wird man die Antworten auf solche Fragen abwägen müssen.

1. Was versteht man unter einer Bürgerinitiative?
2. Welche Grundrechte unserer Verfassung sichern die Bildung und schützen die Aktivitäten von Bürgerinitiativen?
3. Zur Beurteilung von Bürgerinitiativen: Erstellen Sie einen Katalog von Vor- und Nachteilen!

2.4 Die Rolle der Verbände

Darum geht es:
Warum sind Sie Mitglied in einem Verein, in einem Verband?
Sind Verbände zu egoistisch?
Welche Verbände vertreten die Interessen von Arbeitnehmern?

M 1 Längere Öffnungszeiten für Geschäfte?

Streit um Ladenschluß kocht hoch
Einzelhandel gegen „20.00/18.00-Plan" – Rexrodt: „Der Kunde muß König bleiben"

Zwischen Wirtschaftsminister Günter Rexrodt (F.D.P.) und Vertretern des Einzelhandels ist der Streit über das Ladenschlußgesetz am Dienstag hochgekocht. Der Hauptverband des Deutschen Einzelhandels (HDE) lehnte auch den Kompromiß ab, die Läden wochentags bis 20.00 Uhr und samstags bis 18.00 Uhr zu öffnen. Die Gewerkschaften warnten davor, den Ladenschluß anzutasten.

Rexrodt äußerte sich zuversichtlich, daß eine Einigung mit dem Handel möglich sei. „Der Kunde muß König bleiben", sagte er. „Unsere europäischen Nachbarn freuen sich bereits, daß wir an unserem starren Ladenschluß festhalten", mahnte Rexrodt. Das Gesetz werde aber nur mit und für den Handel geändert.
Die Gewerkschaft Handel, Banken und Versicherungen (HBV) will sich „mit aller Kraft gegen eine Verschlechterung" des Gesetzes zur Wehr setzen. Die Deutsche Angestellten-Gewerkschaft (DAG) schloß einen Streik gegen eine Änderung des Gesetzes aber aus. „Das wäre ein politischer Streik, den die DAG grundsätzlich ablehnt." Nach einer DAG-Umfrage hielten 97,3 der Beschäftigten im Einzelhandel die Öffnungszeiten für ausreichend.

nach: Fränkischer Tag, 18. 1. 1995, S. 4

M 2 Umfrage zur Liberalisierung des Ladenschlusses

Die Ladenschlußzeiten nicht länger gesetzlich festzulegen haben in dieser Woche Bundeswirtschaftsminister Günter Rexrodt (F.D.P.) und CDU-Generalsekretär Peter Hintze gefordert. Der Markt soll ihrer Meinung nach künftig regulieren, was bislang per Gesetz geregelt war. Was halten Bamberger Geschäftsleute, Angestellte im Einzelhandel und Kunden von dieser Liberalisierung? Stimmen aus einer nicht repräsentativen Umfrage des ⓕⓣ:

Rosemarie Goppert, Verkäuferin: So wie die Regelungen im Moment sind, reichen sie völlig aus. Ich fände es außerordentlich familienfeindlich, in den Abendstunden arbeiten zu müssen. Selbst wenn ich ab 20 Uhr einen 50prozentigen Lohnzuschlag erhalte, ist mir meine Familie wichtiger. Es zeigt sich ja jetzt schon, daß der Kundenfluß ab 17.30 Uhr deutlich nachläßt.

Franz-Joseph Honer, Inhaber eines Kaufhauses: Die Gewinner einer Freigabe wären derzeit nur große Betriebsformen mit wenig Personal. Kleine und mittelständische Betriebe sind somit zum Sterben verurteilt.

 Chris Fiebig, Dozentin: Da ich viele Jahre im Ausland gelebt habe, bin ich es eigentlich gewohnt, dann einzukaufen, wenn ich Lust und vor allen Zeit dazu habe. Deshalb befürworte ich eine Liberalisierung der Öffnungszeiten auch hier in Deutschland. Da sich heutzutage immer mehr der Trend zum Single-Haushalt entwickelt und auch viele Frauen berufstätig sind, haben diese Leute gar keine Möglichkeit mehr, ohne Hast einzukaufen. Eine Steigerung der Preise würde ich zugunsten der Bequemlichkeit notfalls in Kauf nehmen.

 Benedikt Dümig, Firmeninhaber und Ortsvorsitzender des Einzelhandelsverbandes: Die Liberalisierung des Ladenschlußgesetzes ist längst nicht so verbraucherfreundlich, wie es heißt: Der Verbraucher müßte sich nämlich einen Terminkalender anlegen, in dem steht, wann welches Geschäft überhaupt offen hat, weil die Läden dann zu den unterschiedlichsten Zeiten ihre Pforten aufmachen. Kosten, die durch zusätzliches Personal entstehen, muß letztlich der Kunde wieder bezahlen. Und daß es nicht leicht sein wird, Arbeitskräfte für den Abend zu finden, zeigt uns das Beispiel „Gastronomie".
Das „Berliner Modell" (Familienbetriebe müssen sich nicht an vorgeschriebene Öffnungszeiten halten, solange nur Angehörige im Laden stehen) lehne ich ab. Wir Einzelhändler arbeiten ohnehin schon 60 Stunden in der Woche – und dann sollen wir uns noch länger hinstellen?

 Guido Primes, Geschäftsführer: Die beste Antwort auf die Frage nach einer Liberalisierung der Öffnungszeiten sind unsere Erfahrungen mit dem langen Donnerstag. Es fand lediglich eine Umsatzverlagerung statt, die Kaufkraft ist jedoch gleich geblieben, d. h. wer am Donnerstag abend bei uns eingekauft hat, ist eben am Freitag oder Samstag nicht mehr gekommen. Wenn die Ladenschlußzeiten aufgehoben würden, hätte dies also die gleiche Folge. Außerdem hätten unsere Mitarbeiter dann eine erhebliche Mehrbelastung. Ein weiteres Problem ist der öffentliche Personennahverkehr: Wie sollen unsere Angestellten denn nach Hause kommen, wenn abends die Busanbindung nur unzureichend ist?

Fränkischer Tag, 30. 10. 1993, S. 17

Zum Fall „Streit um den Ladenschluß" (M1, M2):
1. Warum geht es?
2. Welche Verbände melden sich zu Wort?
3. Welche Argumente werden gebracht? Die Argumente sollten den jeweiligen Verbänden zugeordnet werden. Diese Aufgabe können Sie auch in Gruppen arbeitsteilig lösen.
4. Auftrag an eine interessierte Schülergruppe: Beobachten Sie in den Medien, welche Interessen sich durchsetzen! Sie können den Fortgang des Falls „Ladenschluß" am Schwarzen Brett in Ihrem Klassenzimmer dokumentieren.

Die Rolle der Verbände

Interessengruppen in der Bundesrepublik Deutschland

„Der Begriff des **Verbandes** bezeichnet den Zusammenschluß einzelner Personen oder Personengruppen . . . zu einer . . . Handlungseinheit, die das Ziel verfolgt, die eigenen Interessen durch Einflußnahme auf staatliche Einrichtungen, Parteien, öffentliche Meinung und andere gesellschaftliche Gruppierungen zu fördern" (J. Weber). Ein wesentliches Merkmal des Verbandes ist auch die feste Organisationsform, ohne die ein längerfristiges Handeln nicht denkbar ist. Das Grundgesetz garantiert in Art. 9 das Recht der Bürger, sich zur Wahrnehmung gemeinsamer Interessen zusammenzuschließen, die sogenannte Koalitions- oder Vereinigungsfreiheit.

Verbände im Überblick (Beispiele)

Wirtschaft/Arbeit:	Arbeitnehmerverbände:	Unternehmens- und Selbständigenorganisationen:
	Dt. Gewerkschaftsbund (DGB), Zusammenschluß von 16 Einzelgewerkschaften Dt. Angestelltengewerkschaft (DAG) Dt. Beamtenbund (DBB)	Bundesverband der dt. Arbeitgeberverbände Bundesverband der Dt. Industrie (BDI) Zentralverband des Dt. Handwerks
Sozialer Bereich:	Dt. Rotes Kreuz (DRK) Dt. Caritas-Verband Dt. Bundesjugendring	Bund der Steuerzahler Dt. Mieterschutzbund Dt. Kinderschutzbund
Freizeit:	Allgemeiner Dt. Automobilclub (ADAC)	Dt. Sportbund Dt. Alpenverein
Politik/Umwelt:	amnesty international Deutsch-Israelische Gesellschaft Bund für Umwelt und Naturschutz (BUND)	Greenpeace Bundesverband der Bürgerinitiativen Umweltschutz (BBU) Dt. Tierschutzbund

Mit 21 Millionen Mitgliedern in rund 80 000 Turn- und Sportvereinen ist der „Deutsche Sportbund" der größte Verband in der Bundesrepublik, zu den kleinsten zählt mit nur drei Mitgliedern der „Verband Deutscher Riechstoff-Fabriken". Der „Deutsche Bundesjugendring" vereint als Dachverband 25 Organisationen, angefangen von der „Naturfreundejugend", dem „Deutschen Jugendrotkreuz" über den „Bund der Deutschen Katholischen Jugend" bzw. der „Arbeitsgemeinschaft der Evangelischen Jugend" bis zur „Gewerkschaftsjugend" und der „Sozialistischen Jugend Deutschlands".

Verbände mit wirtschaftspolitischer Zielsetzung

Besonders einflußreiche Interessengruppen sind die **Gewerkschaften** als Zusammenschlüsse der Arbeitnehmer und die **Arbeitgebervereinigungen.** Sie handeln – im Rahmen der durch das Grundgesetz festgeschriebenen Tarifautonomie – die Tarifverträge aus, mit denen Löhne und Gehälter sowie die allgemeinen Arbeitsbedingungen festgelegt werden. Durch ihre wirtschaftliche Macht und Finanzkraft bzw. durch ihre Mitgliederzahl können diese Interessengruppen auch bei Parlamenten und Regierungen für ihre Anliegen selbstbewußt eintreten.

Die Rolle der Verbände

Zwei Drittel der jungen Leute zwischen 15 und 30 Jahren halten den Schutz unserer Umwelt für das wichtigste politische Problem. Dies ist ein Grund, warum Umweltschutzverbände an politischem Gewicht gewonnen haben. Spektakuläre Aktionen sorgen zudem für Popularität: Durch den Protest von Greenpeace sah sich der Ölmulti Shell gezwungen, auf die Versenkung der Ölplattform „Brent Spar" zu verzichten. Den Umweltschützern gelang es, Bürger (Autofahrer), Politiker und die Medien für ihr Anliegen zu gewinnen.

Umweltverbände

Im Gegensatz zu den politischen Parteien üben Verbände keine Regierungsverantwortung aus. Aufgabe der Verbände ist es, die Wünsche und Meinungen ihrer Mitglieder zu konkreten politischen Forderungen zu formulieren und zu versuchen, diese durchzusetzen. Diese Einflußnahme auf den politischen Entscheidungsprozeß wird als Lobbyismus bezeichnet. Der Begriff leitet sich von der Vorhalle (engl. lobby) des Parlaments ab, und dahinter steht die Vorstellung, daß Verbandsvertreter im Vorfeld politischer Entscheidungen einzelne Abgeordnete durch Sachargumente für ihre Anliegen gewinnen.

Aufgaben der Verbände

So unproblematisch sind nicht alle Wege der Einflußnahme, wie schon die amerikanische Bezeichnung **pressure groups** andeutet; der Begriff meint nämlich Interessengruppen, die versuchen, die Meinungsbildung in Parlament, Regierung und Verwaltung massiv zu beeinflussen. Verbände versuchen z. B., ihre Lobbyisten in wichtigen Ämtern und in den Parlamenten unterzubringen: Im 12. Deutschen Bundestag waren etwa 14 Prozent der Abgeordneten Verbandsfunktionäre von Gewerkschaften und Wirtschaftsverbänden, 265 der 662 Abgeordneten waren Mitglied in einer Gewerkschaft.

Kritik an den Verbänden

1. Welche unterschiedlichen Verbände gibt es?
2. Unterscheiden Sie die folgenden Begriffe: Lobbyisten – pressure groups!
3. Beschreiben Sie Einflußmöglichkeiten der Verbände! Welche sind nach Ihrer Meinung besonders wirksam? Begründen Sie Ihre Entscheidung!

2.5 Aufgaben und Wirkungsweise der politischen Parteien

Darum geht es:
Wozu brauchen wir überhaupt Parteien?
Was erwarten Sie von einem Politiker?
Warum treten Sie nicht der Jugendorganisation einer Partei bei?

M1 Auf der Jagd nach Stimmen haben Politiker immer eine Antwort parat. Aber wodurch unterscheiden sie sich? Wofür treten sie ein, was lehnen sie ab? Politiker geben Auskunft.
nach: jetzt. Das Jugendmagazin der SZ Nr. 41, 10. 10. 1994

Joschka Fischer ist Fraktionssprecher von Bündnis 90/Die Grünen im Bundestag.

Peter Glotz, SPD. Er arbeitet als Publizist und gilt als der Vordenker seiner Partei.

Was ärgert Sie an Jugendlichen?	Nichts.	Mich ärgern Erwachsene, die so tun, als ob alle Jugendlichen gleich sind. Am meisten ärgert mich provozierender Privatismus, den ich da und dort antreffe.
Wie versuchen Sie, Erstwähler davon zu überzeugen, daß Sie der beste Kandidat Ihres Wahlkreises sind?	Durch Person und Programm.	Ich habe mich regelmäßig um Kontakte bemüht, in Schulen oder bei vielen Versammlungen. Im übrigen bekommt jeder Erstwähler von mir einen Brief, in dem ich auf Probleme eingehe, die junge Leute betreffen. Der Brief ist allerdings problematisierend, keine Ranschmeiße.
Wie stehen Sie zu einer „allgemeinen Dienstpflicht" für Wehrpflichtige? Danach sollen junge Männer wählen können, ob sie Zivil-, Polizei-, Militär- oder humanitären Hilfsdienst leisten wollen.	Schwierig, kurz zu beantworten: Meine Partei ist dagegen, ich hingegen halte eine solche Sache für überlegenswert. Es kommt allerdings auf die Details an. Gegen eine Neuauflage des Reichsarbeitsdienstes wäre ich ganz entschieden.	Ich bin uneingeschränkt dafür. Ein ziviles Hilfskorps ist längst fällig. Keiner der genannten Dienste sollte diskriminiert werden, „Zivis" sind sozialpolitisch unverzichtbar, gleichzeitig ist es notwendig, nicht allzu ungerecht zu sein (und einige zu belasten, viele andere nicht).
Und was halten Sie von einem sozialen Pflichtjahr auch für Mädchen?	Auch das halte ich für diskussionswürdig. Ansonsten siehe Frage 3.	Frauen sind durch die Doppelbelastung Beruf/Familie in einer schlechteren Situation als Männer. Deswegen sollte man von einem „Pflichtjahr für Mädchen" absehen, solange der Betrieb in Krankenhäusern und Pflegestätten auch so aufrechterhalten werden kann.
Was halten Sie von dem Vorschlag, jugendlichen Arbeitslosen Niedriglohnverträge zu geben, um sie von der Straße zu holen? Ist das ein Modell zur Bekämpfung der Jugendarbeitslosigkeit in Deutschland?	Nein. Wir müssen mehr Arbeitsplätze schaffen auch und gerade für Jugendliche und Heranwachsende und dürfen in ihnen nicht eine billige Reservearmee sehen.	Nichts. Die Arbeitslosigkeit kann nicht nur an einzelnen Brennpunkten (z. B. Jugendarbeitslosigkeit, Akademikerarbeitslosigkeit, Frauenarbeitslosigkeit) bekämpft werden, sie muß durch ein Gesamtkonzept angegangen werden, z. B. eine neue Industriepolitik.

1. Fragen zum Interview:
1.1 Welcher Kandidat/welche Kandidatin kommt bei Ihnen gut an? – Warum?
1.2 Fehlen wichtige Fragen an die Politikerin/an die Politiker? – Welche?
2. Erkundungsauftrag: Interview mit Ihrem Landtags- bzw. Bundestagsabgeordneten. Erstellen Sie vorher einen Fragenkatalog. Nicht vergessen sollten Sie, nach dem Werdegang Ihres Abgeordneten zu fragen.

Gregor Gysi ist seit 1990 Vorsitzender der PDS-Gruppe im Bundestag.	Sabine Leutheusser-Schnarrenberger, F.D.P., ist seit 1992 Bundesjustizministerin.	Horst Seehofer, CSU, ist seit 1992 Bundesminister für Gesundheit.
Das mangelnde Rebellentum.	Als Liberale halte ich nichts von pauschalen Bewertungen. Die Jugend ist besser als ihr Ruf: engagiert und quicklebendig. Es stimmt mich nachdenklich, daß Teile der Jugend unpolitischer zu werden scheinen. Besorgt bin ich wegen der Jugendlichen, die braunen Rattenfängern nachlaufen.	Seit im Altertum der Grieche Sokrates „die Jugendlichen" kritisierte, scheint „die Jugend" von Erwachsenen als Ärgernis angesehen zu werden. Dem möchte ich mich nicht anschließen.
Durch meine Arbeit, mein Auftreten, mein Gespräch mit ihnen und mein Engagement für sie und mit ihnen.	Indem ich deutlich mache, daß ich für meine Überzeugung einstehe und daß ich verantwortungsvolle Ämter nicht um des Amtes willen, sondern um der Sache willen übernehme. Ich setze mich für die Rechte und Freiheiten des einzelnen, aber auch seine Verantwortung ein.	Wie andere Wähler auch. Ich versuche, mit meiner Politik zu überzeugen: zu handeln und die Gründe dafür den Menschen zu erläutern. Da kann sich jeder selbst ein Bild machen.
Ich bin gegen jegliche Form von Zwangsdiensten.	Sollte sich langfristig eine Stabilisierung der sicherheitspolitischen Situation ergeben, wird dies auch die Möglichkeiten für eine allgemeine Dienstpflicht eröffnen. Ich würde mir wünschen, wenn dies in der gesamten Europäischen Union möglich wäre, so daß der Ulli aus München in Paris und der Jean aus Paris in Madrid seinen Dienst ableisten kann.	Wer in einer Gemeinschaft lebt, sollte für diese Gemeinschaft auch etwas tun. Dies könnte durch Dienst in einem humanitären Hilfsdienst erfolgen. Wie das genau ausgestaltet werden sollte und mit welchen Dienstleistungen, darüber müßte allerdings noch genau gesprochen werden.
Nichts.	Solange Frauen es im Beruf schwieriger als Männer haben, vor allem wenn sie sich der Betreuung ihrer Familie widmen, halte ich nichts von zusätzlichen Belastungen.	Nichts.
Vielleicht, aber keines, das ich unterstützen würde. Je häufiger untertarifliche Löhne legalisiert werden, desto bedeutungsloser werden Tarifautonomie und -verträge. Außerdem bin ich gegen die Ausbeutung von Jugendlichen. Dies geschieht schon häufig genug während der Ausbildung.	Die F.D.P. will Ausbildungsgänge, die den unterschiedlichen Begabungen gerecht werden. Wir fordern angepaßte Ausbildungsgänge mit geringem Theorieanteil. Projekte für die berufliche Integration langzeitarbeitsloser Jugendlicher aus sozialen Problemgruppen sind zu fördern.	Ich halte die Ausbildung für einen erfolgversprechenden Weg, denn das Hauptproblem bei den jugendlichen Arbeitslosen ist ja nicht der zu hohe Lohn, sondern oft die geringe Qualifizierung. Da müssen wir ansetzen.

Aufgaben und Wirkungsweise der politischen Parteien

Parteien in der Bundesrepublik Deutschland

Parteien sind Zusammenschlüsse von Bürgern mit gemeinsamen politischen Grundüberzeugungen und mit dem Ziel, unmittelbare politische Verantwortung in den Parlamenten zu übernehmen.

Meist sind nur die im Bundestag vertretenen Parteien bekannt, nämlich die CDU, die SPD, die F.D.P., die CSU, DIE GRÜNEN und seit der Bundestagswahl 1990 die PDS (vgl. Exkurs S. 42 f.). Es gibt noch eine Reihe weiterer Parteien, die jedoch oft nur in Wahlzeiten in Erscheinung treten.

Bedeutung und Aufgaben politischer Parteien

In Artikel 21 GG sind die politischen Parteien in der Verfassung verankert. Darüber hinaus werden die Aufgaben der Parteien in einem eigenen „Parteiengesetz" definiert. Dies entspricht ihrer herausragenden Bedeutung im politischen System einer freiheitlichen Demokratie:

Die Parteien bündeln die Vorstellungen und Interessen der Bürger und bringen sie in den politischen Prozeß ein. Denn es sind Parteivertreter, die in den Parlamenten Gesetze beschließen und in der Regierung politische Entscheidungen treffen. So stellen die Parteien die Verbindung zwischen Volk und politischer Führung her.

Die vom Grundgesetz festgelegte Aufgabe der **Mitwirkung** bei der **politischen Willensbildung des Volkes** erfüllen die Parteien außerdem, indem sie

- auf die öffentliche Meinung Einfluß nehmen,
- die politische Bildung anregen und vertiefen,
- die aktive Teilnahme der Bürger am politischen Leben fördern,
- zur Übernahme öffentlicher Verantwortung befähigte Bürger heranbilden,
- Kandidaten für die Wahlen in Bund, Ländern und Gemeinden aufstellen.

Aus der Arbeit eines Abgeordneten
Anteil an der wöchentlichen Arbeitszeit in einer sitzungsfreien Woche

Wählersprechstunde	7 %
Parteiveranstaltungen	12 %
Sitzungen von Parteigremien	5 %
Sitzungen kommunaler Selbstverwaltungsorgane	2 %
Repräsentative Verpflichtungen	4 %
Pressegespräche	2 %
Telefonate	7 %
Sichtung u. Erledigung v. Post	8 %
Vorbereitung, Weiterbildung etc.	6 %
Ausarbeitung von Manuskripten für Reden, Artikel etc.	5 %
Tätigkeiten f. sonstige politische u. gesellschaftliche Ämter	4 %
Kongresse, Seminare, Tagungen	3 %
Referate und Diskussionen	7 %

Aufgaben und Wirkungsweise der politischen Parteien

Im Unterschied zu den Verbänden ist es die Aufgabe der Parteien, sich an den Wahlen in Bund, Ländern und Gemeinden sowie auf europäischer Ebene zu beteiligen. Sie repräsentieren dem Wahlvolk politische Programme und Kandidaten.

Aufgaben der Parteien bei der Wahl

Parteiprogramme sollten drei Bestandteile enthalten. Sie beschreiben die bestehenden politischen, wirtschaftlichen, gesellschaftlichen und kulturellen Verhältnisse, stellen praktikable Forderungen zur Verbesserung dieser Verhältnisse und machen deutlich, an welchen Grundwerten die Parteien ihr politisches Handeln orientieren.

Parteiprogramme

Aufgrund ihrer Bedeutung für das politische System unserer Demokratie macht das Grundgesetz den Parteien mehrere wichtige Auflagen:
- Die programmatischen Ziele der Parteien und das Verhalten ihrer Mitglieder dürfen nicht gegen die Prinzipien unserer freiheitlich-demokratischen Grundordnung (vgl. Kap. 4.2) verstoßen.
- Ihre innere Ordnung muß demokratischen Grundsätzen entsprechen, d. h. nicht die Parteiführung entscheidet über Parteiprogramme und die Aufstellung geeigneter Kandidaten für die Wahlen, sondern es muß eine Willensbildung innerhalb der Partei „von unten nach oben" stattfinden. Auch das einfache Mitglied eines Ortsvereins muß die Möglichkeit haben, auf die Entscheidungsfindung innerhalb der Partei Einfluß zu nehmen.
- Sie müssen über die Herkunft ihrer Mittel öffentlich Rechenschaft geben.

Verfassungsgebote für Parteien

Über die Einhaltung dieser Verfassungsgebote wacht das Bundesverfassungsgericht. 1952 hat es die neofaschistische[1] Sozialistische Reichspartei (SRP) u. a. deshalb verboten, weil diese nach dem „Führerprinzip" organisiert war und ihr Aufbau somit nicht demokratischen Grundsätzen entsprach. 1956 wurde die Kommunistische Partei Deutschlands (KPD) verboten, weil ihr Programm gegen die Prinzipien der freiheitlich-demokratischen Grundordnung verstieß.

[1] Neofaschismus: Wiederbelebung von Gedankengut der NSDAP (Nationalsozialistische Deutsche Arbeiterpartei)

1. Nennen Sie die Aufgaben der politischen Parteien! Veranschaulichen Sie diese durch Beispiele aus der Arbeit eines Abgeordneten!
2. Welche Aufgaben haben die Parteien bei der Wahl?
3. Welche Auflagen macht das Grundgesetz den Parteien?

Exkurs: Die Parteien des 13. Deutschen Bundestags (1994–1998)

(v. l. n. r.) Wolfgang Thierse, Johannes Rau, Herta Däubler-Gmelin (alle Stellvertreter des Bundesvorsitzenden) und Bundesvorsitzender der SPD, Rudolf Scharping

SPD (Sozialdemokratische Partei Deutschlands)

Gründung: 1863 (Verbot von 1878–1890 und während der NS-Zeit)
Wiedergründung: 1945
Tätigkeitsbereich: Gesamtes Bundesgebiet
Mitgliederzahl: ca. 886 000 (1993)
Schüler-/Jugendorganisationen: Die Falken; Jungsozialisten
Bedeutende Persönlichkeiten: Willy Brandt, Bundeskanzler 1969–1974, SPD-Vorsitzender 1964–1987; Helmut Schmidt, Bundeskanzler 1974–1982.
Grundwerte: Die dauerhafte sozial- und umweltverträgliche Entwicklung von Wirtschaft und Technik ist das Ziel unserer Reformen. Diese Herausforderung wollen wir mit einem Neuanfang für soziale Gerechtigkeit, Arbeit für alle, Gleichstellung der Frauen in Beruf und Gesellschaft, ökologische Erneuerung und technischen Fortschritt bestehen.
Forderungen zu Umwelt und Verkehr:
- Tempolimit (30 km/h in Wohngebieten, EU-harmonisiert auf Autobahnen)
- Umweltkosten des Autoverkehrs den Verursachern zurechnen
- 3-Liter-Auto
- Förderung des ÖPNV (Öffentlicher Personennahverkehr)

(v. l. n. r.) CDU/CSU-Fraktionschef Wolfgang Schäuble, CDU-Generalsekretär Peter Hintze, Umweltministerin Angela Merkel, CDU-Chef und Bundeskanzler Helmut Kohl

CDU (Christlich-Demokratische Union)

Gründung: 1950
Tätigkeitsbereich: Alle Bundesländer außer Bayern
Mitgliederzahl: ca. 685 300 (1993)
Schüler-/Jugendorganisation: Schülerunion; Junge Union
Bedeutende Persönlichkeiten: Konrad Adenauer, Bundeskanzler 1949–1963; Ludwig Erhard, Bundeskanzler 1963–1966; Helmut Kohl, Bundeskanzler seit 1982, CDU-Vorsitzender seit 1973.
Grundwerte: Die Verhältnisse, unter denen der Mensch lebt, dürfen der Freiheit nicht im Wege stehen. Aufgabe der Politik ist es daher, der Not zu wehren, unzumutbare Abhängigkeiten zu beseitigen und die materiellen Bedingungen der Freiheit zu sichern. Persönliches Eigentum erweitert den Freiheitsraum des einzelnen für seine persönliche Lebensgestaltung.
Forderungen zu Umwelt und Verkehr:
- Kein generelles Tempolimit auf Autobahnen
- Festlegung situationsangepaßter Geschwindigkeiten
- Ökologisch ausgewogener Ausbau der Verkehrswege (Straße, Schiene, Wasser)

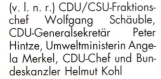

(v. l. n. r.) Generalsekretär Erwin Huber, Bundesgesundheitsminister Horst Seehofer, CSU-Chef und Bundesfinanzminister Theodor Waigel

CSU (Christlich-Soziale Union)

Gründung: 1945
Tätigkeitsbereich: Bayern
Mitgliederzahl: ca. 176 000 (1994)
Schüler-/Jugendorganisation: Schülerunion, Junge Union
Bedeutende Persönlichkeiten: Franz Josef Strauß, Bayerischer Ministerpräsident 1978–1988, CSU-Vorsitzender 1961–1988.
Grundwerte: Freiheit fordert immer auch Verantwortung. Nur eine Gesellschaft selbstverantwortlicher Bürger verhindert, daß der Staat durch umfassende Versorgung und Betreuung Menschen abhängig, passiv und egoistisch werden läßt. Die CSU fördert deshalb in der Sozialpolitik Selbstverantwortung und Eigeninitiative.
Forderungen zu Umwelt und Verkehr: s. CDU

Exkurs: Die Parteien des 13. Deutschen Bundestags (1994–1998)

F.D.P. (Freie Demokratische Partei)

Gründung: 1948
Tätigkeitsbereich: Gesamtes Bundesgebiet
Mitgliederzahl: 92 475 (1994)
Schüler-/Jugendorganisation: Junge Liberale
Bedeutende Persönlichkeit: Hans-Dietrich Genscher, Bundesaußenminister 1974–1992
Grundwerte: Als Partei der Freiheit und der Verantwortung setzt die F.D.P. auf die Eigeninitiative, die Kreativität und die Leistungsbereitschaft der Bürger. Wir sind die Partei der Leistungsträger und der geistigen Eliten in der Gesellschaft. Wir brauchen sie für die Zukunftssicherung und Zukunftsgestaltung Deutschlands. Dabei wollen wir die Kraft der Starken nicht nur zur Selbstverwirklichung, sondern gerade auch, um den Schwachen zu helfen.
Forderungen zu Umwelt und Verkehr:
- Situationsbedingtes Tempolimit
- Maßnahmen zur Vermeidung von unnötigem Verkehr
- Schrittweise Senkung des Energiebedarfs von Kraftfahrzeugen
- Förderung des ÖPNV

(im Vordergrund, l.) F.D.P.-Chef Wolfgang Gerhardt, (r.) Bundesaußenminister Klaus Kinkel

Bündnis 90/Die Grünen

Gründung: Die Grünen: 1980 (in den alten Bundesländern)
Bündnis 90: 1990 (in den neuen Bundesländern)
Vereinigung der Parteien: Mai 1993
Tätigkeitsbereich: Gesamtes Bundesgebiet
Mitgliederzahl: ca. 40 700 (1994)
Grundwerte: Politische und moralische Kriterien verbieten es, den sozialpolitischen Blick auf die Bevölkerung des eigenen Landes zu verengen. Soziale Gerechtigkeit in unserem Land ist dauerhaft nur zu haben, wenn diese den Menschen in anderen Ländern nicht vorenthalten wird.
Forderungen zu Umwelt und Verkehr:
- Tempolimit: Autobahn 100, Landstraße 80, in geschlossenen Ortschaften 30 km/h
- Abschied von der automobilen Gesellschaft
- Novellierung des Verkehrswegsplans zugunsten der Schiene
- Förderung des ÖPNV

Bundesvorstand von B' 90/Die Grünen (v. l. n. r.): Henry Selzer, Krista Sager, Heide Rühle, Jürgen Trittin

PDS (Partei des Demokratischen Sozialismus)

Nachfolgeorganisation der SED (Sozialistische Einheitspartei Deutschlands), die 1949–1989 Staatspartei der DDR war.
Tätigkeitsbereich: Gesamtes Bundesgebiet
Mitgliederzahl: ca. 131 000 (1994)
Grundwerte: Wir wollen ein anderes Deutschland, eine demokratische, soziale, zivile, ökologische und antirassistische Erneuerung (. . .). Die PDS ist eine sozialistische Partei und nimmt in den sozialen und politischen Aueinandersetzungen der BRD radikaldemokratische und antikapitalistische Positionen ein.
Forderungen zu Umwelt und Verkehr:
- Ökologisch orientiertes Verkehrskonzept
- Radikale Verminderung des Güterverkehrs auf der Straße
- Radikale Verminderung des Pkw-Verkehrs
- Förderung des ÖPNV

(l.) PDS-Vorsitzender Lothar Bisky, (r.) Gregor Gysi, Vorsitzender der PDS-Gruppe im Bundestag

Grundwerte der Parteien, zitiert aus Parteiprogrammen, in: Informationen zur politischen Bildung (Wahlen '94), März 1994, Seite 11. Forderungen zu Umwelt und Verkehr, zitiert nach: iwd (Institut der deutschen Wirtschaft) Nr. 39, 1994, Seite 7.

2.6 Wahlen: Bedeutung und Wahlsysteme

Darum geht es:
Würden Sie wählen, wenn Sie wählen dürften?
Ist Wahlboykott eine sinnvolle Möglichkeit, politischen Protest zu äußern?
Warum stellen die Parteien bei Wahlen ihre Spitzenkandidaten in den Vordergrund?

M 1 Plakate gegen die Wahlmüdigkeit

(Plakatvorschläge zum Wettbewerb „Jugend macht den Wählern Beine!")

M 2 Wer geht wählen?

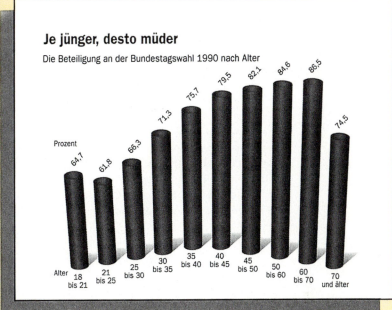

das Zeitbild, April 1994

M 3 Wählen schon mit 16?

Spiegel: Sind Jugendliche mit 16 Jahren reif genug, um ein Gemeindeparlament und den Bürgermeister mitzuwählen?
Alm-Merk: Die Jugendlichen sind heute engagierter als früher. Untersuchungen haben ergeben, daß Jugendliche sich politisch besonders für das interessieren, was in ihrem Umfeld passiert: Umwelt, Verkehr, Freizeiteinrichtungen oder Jugendzentren. Da sollten sie mitentscheiden dürfen. Außerdem: Wenn eine Senkung des aktiven Wahlrechts bewirkt, daß auch mal ein jüngerer Stadtrat gewählt wird, tut das den Parlamenten nur gut.

Spiegel: Eine Art Schnupperdemokratie also? Denn bei den wichtigeren Landtags- und Bundestagswahlen wollen Sie doch weiter erst ab 18 wählen lassen?
Alm-Merk: Wir sollten den zweiten Schritt nicht vor dem ersten machen. Viele 16jährige wollen erst mal in ihrer unmittelbaren Umgebung mitgestalten. Im nächsten Jahrtausend sehen wir weiter.

Interview mit Heidi Alm-Merk – Justizministerin des Landes Niedersachsen, in: Der Spiegel Nr. 4, 23. 1. 1995, S.

1. Wie bewerten Sie die Plakatentwürfe zum Wettbewerb „Jugend macht den Wählern Beine!" (M 1)?
Ihre Klasse kann eine Jury bilden: Die Plazierung der Vorschläge muß begründet werden.
2. Sprechen Sie über den Vorschlag von Frau Alm-Merk (M 3)! Überzeugen Sie bestimmte Argumente (M 2, M 3)?

Wahlen: Bedeutung und Wahlsysteme

Wahlen als Ausdruck der Volkssouveränität

Souverän, von lat. superanus: über allem stehend

Politische Wahlen sind die wichtigsten Mitwirkungsmöglichkeiten der Bürger in einem demokratischen Staat. Sie finden auf den verschiedensten Ebenen statt: Wir wählen Bürgermeister, Gemeinde- bzw. Stadträte, Kreisräte, Bezirksräte, den Landtag, den Bundestag und das Europaparlament in Straßburg.
Bei der Bundestagswahl 1994 haben 79,1 % der Wahlberechtigten von ihrem Stimmrecht Gebrauch gemacht. Dieses Engagement könnte höher sein, denn das Volk ist der Souverän, von dem alle Staatsgewalt ausgeht (Art. 20 Abs. 2 GG). Im Gegensatz zur Diktatur (unumschränkte Herrschaft eines einzelnen oder einer Gruppe) können in einer Demokratie (Volksherrschaft) die Bürger ihre Vertreter wählen.
Demokratie ist die Herrschaftsbestellung auf Zeit. Der Abgeordnete muß sich folglich nach jeder Legislaturperiode erneut um sein Mandat bewerben: Wir wählen alle sechs Jahre die Gemeinderäte, alle fünf Jahre das Europäische Parlament und auf Landes- und Bundesebene in der Regel alle vier Jahre.

Freie Wahlen: Entscheidung zwischen Alternativen

NSDAP: Nationalsozialistische Deutsche Arbeiterpartei

In der parlamentarischen Demokratie entscheiden die Wähler darüber, welche Parteien und welche Personen die Regierungsverantwortung übernehmen.
Erst durch die Beteiligung verschiedener Parteien an der Wahl ist dem Bürger eine freie Auswahl zwischen personellen und programmatischen Alternativen möglich.
Im Gegensatz dazu stehen das **Einparteiensystem,** z. B. im Dritten Reich, wo mit der NSDAP nur eine einzige Partei zugelassen war, oder das Einheitslistenwahlsystem, z. B. in der ehemaligen DDR, wo der Wahlbürger nur für oder gegen eine einzige Liste stimmen konnte, die alle Parteien umfaßte.
Von besonderer Bedeutung für die Entscheidung des Wählers ist die Person der Kandidaten. Da die meisten Wähler die Programme der Parteien nicht selbst lesen, haben die Politiker hier die Aufgabe, als Mittler die Wertvorstellungen und Lösungsvorschläge ihrer Partei dem Bürger nahezubringen. Gleichzeitig stehen sie mit ihrer Person für die Glaubwürdigkeit der programmatischen Aussagen, denn Programme müssen im politischen Alltagsleben auch durchgesetzt werden.

Das Mehrheitswahlsystem

Die Mehrheitswahl und die Verhältniswahl sind Wahlsysteme in demokratischen Staaten.
Als klassisches Wahlsystem ist das Mehrheitswahlsystem weit verbreitet. Auch der Klassensprecher an bayerischen Schulen wird nach dem Prinzip der Mehrheitsentscheidung ermittelt. So heißt es in der Schulordnung für Realschulen: „Gewählt ist, wer mehr als die Hälfte der abgegebenen Stimmen erhält. Wird die Mehrheit im ersten Wahlgang nicht erreicht, so findet eine Stichwahl unter den beiden Bewerbern mit den höchsten Stimmzahlen statt. Bei Stimmgleichheit in der Stichwahl entscheidet das Los."
Dieses Wahlverfahren, bei dem mehr als 50 % der abgegebenen Stimmen auf einen Kandidaten entfallen müssen, bezeichnet man als **absolute Mehrheitswahl.** Im Gegensatz dazu ist bei der **relativen Mehrheitswahl** in jedem Fall derjenige gewählt, der die meisten Stimmen erhält.
Bei Parlamentswahlen nach dem Mehrheitswahlsystem wird das Wahlgebiet in Wahlkreise aufgeteilt, deren Anzahl mit der Abgeordnetenzahl im Parlament übereinstimmt. Es treten Persönlichkeiten verschiedener Parteien in jedem Wahlkreis gegeneinander an, deshalb wird die Mehrheitswahl auch als **Persönlichkeitswahl** bezeichnet. In Baden-Württemberg und Bayern wird der Bürgermei-

ster direkt von den wahlberechtigten Bürgern der Stadt oder der Gemeinde nach dem absoluten Mehrheitswahlrecht bestimmt.
Die Franzosen wählen ihren Präsidenten nach dem absoluten Mehrheitswahlsystem, die Engländer ihr Unterhaus nach dem relativen.

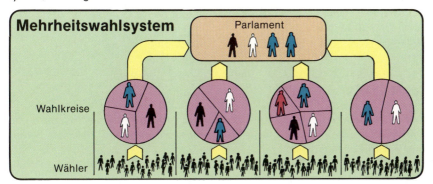

Beim Verhältniswahlsystem müssen sich die Wahlbürger für Parteilisten entscheiden. Deshalb wird das Verhältniswahlrecht im Gegensatz zur Persönlichkeitswahl als **Listenwahl** bezeichnet: Die Anzahl der Kandidaten, die eine Partei ins Parlament schicken kann, entspricht dem prozentualen Anteil der erreichten Stimmen.

Das Verhältniswahlsystem

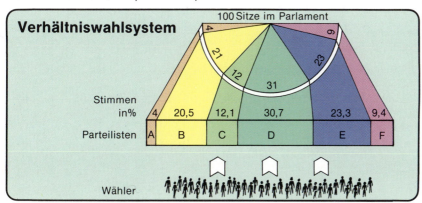

Beim Verhältniswahlrecht hat jede Stimme den gleichen Erfolgswert, folglich wird das Parlament zum Spiegelbild der Wählerschaft. Allerdings begünstigt dieses Wahlrecht die Parteienzersplitterung im Parlament und erschwert damit die Regierungsbildung.
Beim Mehrheitswahlrecht bleiben viele Stimmen ohne politischen Einfluß, denn es haben nur wenige Parteien die Chance, ins Parlament einzuziehen. Dafür ergeben sich meist klare Mehrheitsverhältnisse, was in der Regel stabile Regierungen ermöglicht.
Die Entscheidung, welches der beiden Wahlsysteme dem anderen vorzuziehen ist, wird vor allem davon abhängen, ob man den gleichen Erfolgswert der Stimmen oder die Handlungsfähigkeit von Parlament und Regierung höher einschätzt.

Vor- und Nachteile der Wahlsysteme

1. Beschreiben Sie die Kennzeichen einer freien Wahl!
2. Warum sind Wahlen ein Ausdruck von Volkssouveränität?
3. Listen Sie Vor- und Nachteile der relativen Mehrheitswahl und der Verhältniswahl auf!

2.7 Wahlen: Wahlrecht und Wahlsystem der Bundesrepublik Deutschland

Darum geht es:
Wer hat die letzten Bundestagswahlen gewonnen?
Sind Wahlkämpfe notwendig?
Was fällt Ihnen ein, wenn Sie den Begriff „Zweitstimme" hören?

M 1 Die Bundestagswahl 1994

Zur Wahl des 13. Deutschen Bundestages am 16. 10. 1994 wurden etwa 60 Millionen Bürger an die Urnen gerufen. Zum ersten Male wahlberechtigt bei einer Bundestagswahl waren 2,9 Millionen Bürger, 1,5 Millionen Männer und 1,4 Millionen Frauen.
Um die 656 Mandate im Deutschen Bundestag bewarben sich 22 Parteien und 37 Wählergruppen und Einzelbewerber mit insgesamt 3923 Kandidaten in 328 Wahlkreisen und auf Landeslisten.

		Prozent	Sitze
Wahlberechtigte	60 396 272	–	
Wahlbeteiligung	47 743 597	79,1	
Zahl der gültigen Zweitstimmen	47 104 576	–	
Zahl und Anteil der ungültigen Zweitstimmen	639 021	1,3	
Zahl und Anteil der auf die Parteien bzw. Listenvereinigungen entfallenen gültigen Zweitstimmen:			
Christlich-Demokratische Union Deutschlands (CDU)	16 089 491	34,2	244
Sozialdemokratische Partei Deutschlands (SPD)	17 141 319	36,4	252
Freie Demokratische Partei (F.D.P.)	3 257 864	6,9	47
Christlich-Soziale Union in Bayern (CSU)	3 427 128	7,3	50
Bündnis 90/Grüne	3 423 091	7,3	49
Partei des Demokratischen Sozialismus (PDS)	2 067 391	4,4	30
Die Republikaner (REP)	875 175	1,9	–
Autofahrer- und Bürgerinteressenpartei Deutschlands (APD)	21 547	0,0	–
Bayernpartei (BP)	42 458	0,1	–
Solidarität	8 193	0,0	–
Bund sozialistischer Arbeiter, Deutsche Sektion der Vierten Internationale (BSA)	1 342	0,0	–
Christliche Liga Die Partei für das Leben (LIGA)	5 189	0,0	–
Christliche Mitte (CM)	19 874	0,0	–
Zentrum	3 774	0,0	–
Graue Partei „Die Grauen"	238 282	0,5	–
Naturgesetz	73 208	0,2	–
Marxistisch-Leninistische Partei Deutschlands (MLPD)	10 254	0,0	–
Tierschutz	71 959	0,2	–
Ökologisch-Demokratische Partei (ÖDP)	182 940	0,4	–
Partei Bibeltreuer Christen (PBC)	65 851	0,1	–
Partei der Arbeitslosen und Sozial Schwachen (PASS)	14 989	0,0	–
Statt Partei Die Unabhängigen	63 257	0,1	–

Vorläufiges amtliches Ergebnis, in: Das Parlament Nr. 42, 21. 10. 1994, S. 1

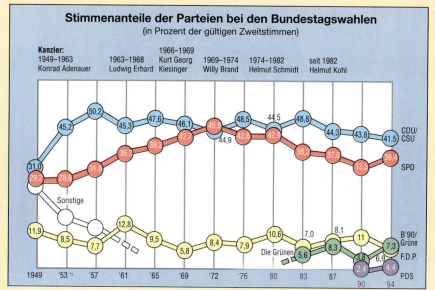

M 2 Parteien im Bundestag

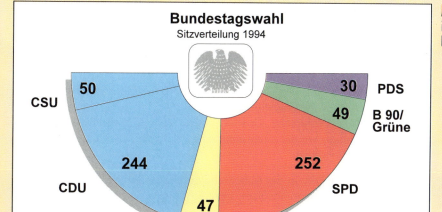

M3 Sitzverteilung im 13. Deutschen Bundestag

1. Erarbeiten Sie auffällige Veränderungen der Stimmenanteile der Parteien bei den Wahlen von 1949 bis 1990! (M 3 und M 4)
2. Wie erklärt sich die Abnahme der Splitterparteien im Bundestag seit den Wahlen von 1949?
3. Sprechen Sie über das Ergebnis der Bundestagswahl von 1994! (M 1, M 2, M 3)
4. Stellen Sie die unterschiedlichen Positionen der Parteien zu einem aktuellen, öffentlich diskutierten Problem zusammen: z. B. § 218 oder „Auto und Umwelt"! Sammeln Sie dazu Zeitungsberichte, und machen Sie am Schwarzen Brett eine Ausstellung!
5. Erkundungsaufträge in einem Wahljahr:
5.1 Wie viele Parteien beteiligen sich an der Wahl?
5.2 Welche programmatischen Schwerpunkte setzen sie?
5.3 Welche Persönlichkeiten stellen sie in den Vordergrund?
5.4 Besorgen Sie sich nach den Wahlen bei Ihren zuständigen Wahlämtern Muster der Stimmzettel von Bundestags-, Landtags- bzw. Kommunalwahlen und werten Sie diese aus!

Wahlen: Wahlrecht und Wahlsystem der Bundesrepublik Deutschland

Der Wahlvorgang

Der Wahlvorgang ist in der Bundesrepublik gesetzlich geregelt.

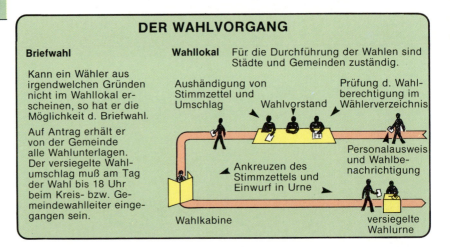

Die Gemeinde führt die Wahlberechtigten, die in ihrem Verwaltungsgebiet ihren ersten Wohnsitz haben, in einem Wählerverzeichnis. Etwa vier Wochen vor dem Wahltermin schickt sie jedem Wahlberechtigten einen **Wahlschein** mit der Mitteilung, wann in welchem Wahllokal er seine Stimme abgeben kann. Ein ehrenamtlicher Wahlvorstand zählt die Stimmen öffentlich aus, damit keine Unregelmäßigkeiten vorkommen.

Das Wahlrecht

Nach Art. 38 GG sind alle Deutschen, die am Wahltag das 18. Lebensjahr vollendet haben, wahlberechtigt (aktives Wahlrecht) oder können gewählt werden (passives Wahlrecht). Das Wahlrecht kann entzogen werden, wenn jemand entmündigt, wegen einer entehrenden Straftat verurteilt oder nicht im Wahlgebiet wohnhaft ist.

Die Wahlrechtsgrundsätze

Das demokratische Prinzip der Mitentscheidung aller Bürger kommt in den fünf klassischen Wahlrechtsgrundsätzen zum Ausdruck:

allgemeine Wahl: Jeder Deutsche besitzt das aktive und passive Wahlrecht.
unmittelbare Wahl: Die Kandidaten werden direkt ohne Zwischenschaltung von Wahlmännern gewählt.
freie Wahl: Die Wahl darf unter keinerlei Druck stattfinden: Die Wähler können in einem offenen Prozeß der Meinungsbildung ihre Entscheidung zwischen verschiedenen personellen und programmatischen Alternativen treffen.
gleiche Wahl: Jeder Wahlberechtigte hat die gleiche Anzahl von Stimmen, und jede Stimme zählt gleich viel.
geheime Wahl: Die Bundeswahlordnung schreibt Wahlzellen, verdeckte Stimmabgabe, versiegelte Wahlurnen, amtliche Stimmzettel usw. vor, um die unkontrollierte, unbeeinflußte Stimmabgabe zu sichern.

Die personalisierte Verhältniswahl

In der Bundesrepublik wählen wir nach einem Mischwahlsystem, das vom Bundeswahlgesetz als „mit der Personenwahl verbundene Verhältniswahl" bezeichnet wird. Dem entspricht, daß jeder Wähler bei der Bundestagswahl zwei Stimmen zu vergeben hat.

Wahlen: Wahlrecht und Wahlsystem der Bundesrepublik Deutschland

Die Wahlberechtigten haben zwei Stimmen.
Mit ihnen entscheiden sie über 656 Bundestagsmandate

Die Erststimme und ihre Bedeutung:

Das Gebiet der Bundesrepublik ist in 328 Wahlkreise eingeteilt. In jedem dieser Wahlkreise stellen die Parteien einen Kandidaten auf. Aus diesen wählen die Wahlberechtigten mit ihrer Erststimme den Wahlkreisabgeordneten. Das sog. Direktmandat hat der Kandidat gewonnen, der die meisten Stimmen auf sich vereinigen konnte **(relative Mehrheitswahl)**.

Die Zweitstimme und ihre Bedeutung:

In jedem Bundesland stellt jede Partei eine Kandidatenliste zusammen (Landesliste). Es gibt also keine einheitlichen Bundeslisten der Parteien! Mit ihrer Zweitstimme wählen die Wahlberechtigten eine dieser Parteien und ihre Landesliste. 328 Abgeordnete erhalten ihr Bundestagsmandat über diese Listen.

656 Sitze

1. Schritt

Mit der **Zweitstimme** entscheiden die Wähler über die **politische Zusammensetzung** des Bundestags, d.h. über Mehrheitsverhältnisse, denn: nur nach dem Anteil der Zweitstimmen richtet sich die Zahl der Parlamentssitze, die einer Partei zustehen (**Verhältniswahl**).[1]

2. Schritt

Die auf die Parteien entfallenen Sitze werden zunächst an die Abgeordneten vergeben, die durch ein Direktmandat in den Bundestag eingezogen sind.
Über die **Erststimme** haben die Wähler also Einfluß auf die **personelle Zusammensetzung** der Fraktionen.

Sitzverteilung der Parteien

Direktkandidaten ●
Listenkandidaten ●

3. Schritt

Nachdem die Direktmandate verteilt wurden, werden die den Parteien noch zustehenden Sitze mit Listenkandidaten besetzt.

[1] Nur Parteien, die auf einen Stimmenanteil von mindestens **5%** gekommen sind oder **drei Direktmandate** erhalten haben, können in den Bundestag einziehen.

1. Unterscheiden Sie zwischen aktivem und passivem Wahlrecht!
2. Erläutern Sie die Wahlrechtsgrundsätze!
3. „Auf die Zweitstimme kommt es an!" Warum stellen die großen Parteien bei den Wahlen diesen Slogan heraus?

2.8 Besonderheiten der politischen Mitwirkung in Bayern

Darum geht es:
Kennen Sie den Namen Ihres Bürgermeisters, Ihres Abgeordneten im Bayerischen Landtag, im Deutschen Bundestag?
Brauchen Bürger mehr Einfluß auf Entscheidungen in ihrer Gemeinde/Stadt?
Volksbegehren und Volksentscheid – was ist das eigentlich?

M 1 Worüber Bürger entscheiden wollen

Keine Nordtangente in Tübingen
Bürger bringen 70-Millionen-Planung zu Fall
Verkehrsplanung der Verwaltung und des Gemeinderats durch Bürgerentscheid abgelehnt – Eindeutiges Ergebnis

Sieg der Singener „Gartenzwerge"
Kongreßzentrum abgelehnt

Am Münsterplatz entscheidet der Bürger
Ulm erlebt seine erste Volksabstimmung: Soll der amerikanische Architekt Richard Meier bauen oder nicht?

Nürtinger wollen keinen Atombunker
Bürgerentscheid ergab 85 Prozent Neinstimmen

Biberach:
Erfolgreicher Bürgerentscheid gegen Flughafenausbau

Stuttgarter Zeitung
Kein Bürgerentscheid über Gartenschau
Zu viele Unterschriften sind ungültig – Protestler wollen weiter aktiv bleiben

Ein Bürgerentscheid soll eine Frauenbeauftragte erzwingen
Damenquintett bläst zum Sturm aufs Kirchheimer Rathaus

Ulmer Tunnel wird nicht gebaut
Bürgerentscheid hebt Beschluß des Gemeinderats auf

(Themen von Bürgerentscheiden in anderen Bundesländern)

M 2 Fallbeispiel: Volksbegehren „Für Bürgerentscheide in Gemeinden und Kreisen!" (Bayern, 1994/1995)

Gesetze werden in Bayern normalerweise vom Landtag beschlossen. In Fällen, in denen der Landtag nicht tätig wird oder eine Gesetzesvorlage ablehnt, kann aber auch die Bevölkerung ein Gesetz „begehren". Wenn das „Volksbegehren" im Landtag keine Zustimmung findet, kann über dieses Gesetz im „Volksentscheid" abgestimmt werden (siehe auch S. 55).
1994 hat sich eine überparteiliche Bürgerinitiative für das Volksbegehren „Bürgerentscheide in Gemeinden und Kreisen" zusammengeschlossen.

Ein Aufruf von Bürger/innen an Bürger/innen:

Eintragen beim Volksbegehren!

Vom 6. bis 19. Februar 1995.
Für Bürgerentscheide
in Gemeinden und Kreisen!

Sie finden Ihren Eintragungsraum in Ihrem Rathaus!

Für mehr Bürgermitbestimmung!
Bisher bleiben wir Bürgerinnen und Bürger bei wichtigen Entscheidungen in Städten und Gemeinden draußen. Wenn es beispielsweise um den Bau einer Stadthalle oder eines Tunnels geht, gibt es für uns Bürgerinnen und Bürger - das klingt eigentlich unglaublich - keine Möglichkeit mitzubestimmen.
  Das wollen wir nun endlich ändern. Auch in Bayern wollen wir den Bürgerentscheid einführen - wie bereits in zehn anderen Bundesländern, den USA und der Schweiz.

Wir bitten Sie: Tragen Sie sich ein!

Mit dem Bürgerentscheid können wir zwischen den Wahlen in wichtigen Sachfragen mitentscheiden. Wir werden ernster genommen. Politik wird wieder interessanter. Prestigebauten und Steuerverschwendungen können leichter verhindert werden.
  Bis es aber soweit ist, müssen zwischen dem 6. und 19. Februar 1995 in ganz Bayern 880.000 Menschen den Weg in ihr Rathaus, bzw. Eintragungsstelle finden. Dort liegen Listen bereit. In diese müssen Sie sich eintragen, wenn Sie für mehr Bürgermitbestimmung sind!

M 3 Die Stationen des Volksbegehrens

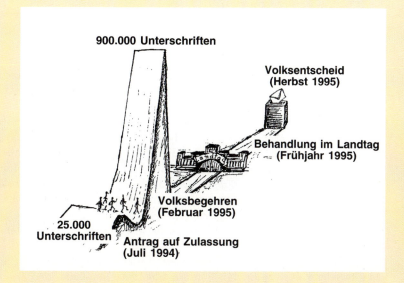

1. Worum geht es beim Volksbegehren „Für Bürgerentscheide in Gemeinden und Kreisen!"? (M 2)
2. Welche Stationen muß das Volksbegehren durchlaufen? (M 2, M 3)
3. Sammeln Sie Argumente für und gegen den Bürgerentscheid auf kommunaler Ebene! (M 1)

Besonderheiten der politischen Mitwirkung in Bayern

Das bayerische Landtagswahlrecht

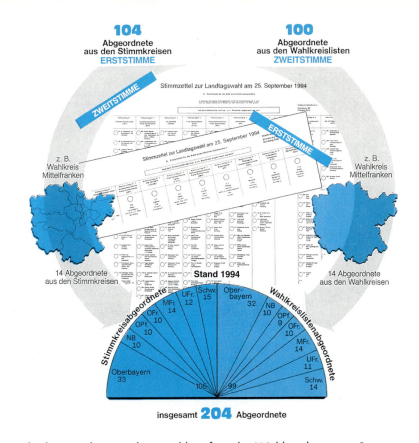

Bei der bayerischen Landtagswahl verfügt der Wähler über zwei Stimmen.
Mit der **Erststimme** wählt er einen Direktkandidaten seines Stimmkreises. 104 Abgeordnete des bayerischen Landtags werden auf diese Weise direkt gewählt.
Seine **Zweitstimme** gibt der Wähler einem einzelnen Bewerber auf den von den Parteien aufgestellten Wahlkreislisten. Anders als bei der Bundestagswahl kann der Wähler damit die Reihenfolge auf den Listen verändern, denn die endgültige Plazierung der einzelnen Bewerber errechnet sich aus der Summe der Erststimmen, die sie in ihrem Stimmbezirk erhalten haben, und den Zweitstimmen, die auf sie entfallen sind. Ein solch offenes Listensystem vergrößert die Einflußmöglichkeit des Bürgers auf die Kandidatenauswahl der Parteien. 100 Abgeordnete kommen über die Wahlkreislisten in den Landtag.
Im Gegensatz zur Bundestagswahl errechnet sich die Gesamtzahl der Parlamentssitze einer Partei nicht nur aus den abgegebenen Zweitstimmen, sondern aus der Summe der für diese Partei abgegebenen Erst- und Zweitstimmen.

Das bayerische Kommunalwahlrecht

Panaschieren, von frz. panaché: bunt gemischt

Besonders groß sind die Mitwirkungsmöglichkeiten, die das Kommunalwahlrecht den Bürgern bei den Gemeinde- und Landkreiswahlen einräumt. Der Wähler verfügt nämlich über so viele Stimmen, wie Sitze im Gemeinderat, Stadtrat oder Kreistag zu vergeben sind. In Nürnberg sind das z. B. 70 Stimmen, in der Landeshauptstadt München sogar 80. Diese Stimmen kann der Wähler der Liste einer Partei geben. Er kann sie aber auch als Einzelstimmen über die Wahlvorschläge mehrerer Parteien verteilen – dieser Vorgang wird **Panaschieren** genannt.

Außerdem kann der Wähler einzelnen Bewerbern oder Bewerberinnen bis zu drei Stimmen geben. Dies nennt man **Kumulieren.** Durch das Kumulieren verändert der Wähler die von der Partei festgelegte Liste, denn die Reihenfolge der Kandidaten wird nach der Wahl entsprechend den für die einzelnen Bewerber abgegebenen Stimmen neu ermittelt. Bei den Stadtratswahlen des Jahres 1990 wurde in München z. B. eine Bewerberin um 22 Plätze weiter nach vorne gewählt und zog damit in den Stadtrat ein, obwohl sie vor der Wahl einen scheinbar aussichtslosen Listenplatz innehatte. Der Bekanntheitsgrad eines Wahlbewerbers ist für viele Wähler wichtiger als die Parteizugehörigkeit des Bewerbers.

Kumulieren, von lat. cumulare: aufhäufen

Anders als das Grundgesetz bietet die Bayerische Verfassung dem Volk die Möglichkeit, seine Herrschaftsgewalt auch direkt auszuüben. Mit **Volksbegehren** und **Volksentscheid** kann die Bevölkerung nämlich unmittelbar in den Gesetzgebungsprozeß eingreifen. Diese direkte Mitwirkungsmöglichkeit (vgl. Kap. 4.2) ist im Art. 74 BV geregelt, drei Phasen sind für den Ablauf vorgeschrieben:

Volksbegehren und Volksentscheid als Elemente direkter Demokratie

1. Der schriftliche Antrag auf Zulassung eines Volksbegehrens muß von mindestens 25 000 Wahlberechtigten unterzeichnet werden; ferner muß ihm ein ausgearbeiteter und mit Gründen versehener Gesetzentwurf beigegeben werden.
2. Nach Prüfung der Antragsvoraussetzungen legen die Gemeinden Eintragslisten aus. Dem Volksbegehren muß nun mindestens ein Zehntel der Stimmberechtigten zustimmen, also rund 870 000 Bürgerinnen und Bürger.
3. Falls das Volksbegehren vom Landtag abgelehnt bzw. geändert wird, kommt es zum Volksentscheid. Er ist erfolgreich, wenn die Mehrheit der abgegebenen Stimmen für den vorgelegten Gesetzentwurf stimmt (siehe Kapitel 3.2).

Art. 75 der Bayerischen Verfassung schreibt darüber hinaus vor, daß auch Verfassungsänderungen dem Volk zur Entscheidung vorgelegt werden müssen – zusätzlich zur erforderlichen Zweidrittelmehrheit im Landtag.

Volksbegehren und Volksentscheid sind vor allem für oppositionelle Gruppierungen eine Möglichkeit, die Regierungspartei zum Einlenken zu bewegen, was im parlamentarischen Gesetzgebungsverfahren aufgrund der Mehrheitsverhältnisse nicht möglich ist. So wurden die erfolgreichen Volksbegehren in Bayern, die zu einem Volksentscheid führten (1967/68 gegen die Bekenntnisschule, 1972/73 für die Rundfunkfreiheit und 1990/91 zum Gesetz für Abfallwirtschaft), von oppositionell eingestellten Bürgerinitiativen ins Leben gerufen. 1995 können die Bürgerinnen und Bürger des Freistaats mit dem Volksbegehren „Mehr Demokratie in Bayern: Bürgerentscheide in Gemeinden und Kreisen" entscheiden, ob auf kommunaler Ebene eine weitere direkte Mitwirkungsmöglichkeit eingeführt wird.

Volksbegehren und Volksentscheid als Mittel der Kontrolle

1. Erläutern Sie die Begriffe „Panaschieren" und „Kumulieren"!
2. Inwiefern liegt dem bayerischen Kommunal- und Landtagswahlrecht ein offenes Listensystem zugrunde? Überlegen Sie sich Vorteile dieses Wahlsystems!
3. Beschreiben Sie den Ablauf des Volksbegehrens/Volksentscheids in Bayern!

Gewußt?

Ja oder Nein?

1. Wenn ich politisch etwas erreichen will, nehme ich an einer Demonstration teil.

2. Die Anzahl der Parteien kann eingeschränkt werden.

3. Jeder Bürger über 16 Jahre hat das Recht zu wählen.

4. Mit der Zweitstimme wählt man eine Partei und entscheidet über die Zusammensetzung des Bundestages.

5. Um mich über Politik zu informieren, lese ich den Kulturteil einer Zeitung.

6. Es ist die Aufgabe der Verbände zu versuchen, die Wünsche und Meinungen ihrer Mitglieder durchzusetzen.

7. Jugendliche sind von der politischen Mitwirkung ausgeschlossen.

8. Eine Bürgerinitiative vertritt die Interessen der Allgemeinheit.

9. Bei den Gemeindewahlen kann der Bürger so viele Stimmen vergeben, wie Sitze zu vergeben sind.

10. Medien sollen an der Meinungsbildung der Bürger mitwirken.

3 Politische Strukturen der Bundesrepublik Deutschland und internationaler Organisationen

3.1 Der kommunale Aufbau Bayerns

Darum geht es:
Was bedeutet „bürgernahe Politik"?
Wo kann ich mitentscheiden?
Was ist der Unterschied zwischen einer Kreisstadt und einer kreisfreien Stadt?

M 1 „Notfalls führen wir einen 30jährigen Krieg"

ERMERSHAUSEN Nach 15 Jahren beispiellosen Kampfes für ihre kommunale Selbständigkeit dürfen die Bürger der 800 Einwohner zählenden Gemeinde Ermershausen im unterfränkischen Landkreis Haßberge am 30. Januar wieder ihren Bürgermeister und Gemeinderat wählen. Vorbei ist der Kampf gegen die Zwangsehe mit der ungeliebten Nachbargemeinde Maroldsweisach. Aber vergessen werden die Dorfbewohner ihren „Freiheitskampf" so schnell nicht.

Einige Leute konnten von Besonnenen nur mit Mühe davon abgehalten werden, auf die Polizei loszugehen. Die Hundertschaft der Bereitschaftspolizei war dazu abgestellt worden, eine kleine Schar Angestellter des Landratsamtes Haßfurt zu schützen, die am 19. Mai 1978 gegen 3.30 Uhr die Gemeindeakten aus dem Ermershausener Rathaus holen mußten. Die Ermershausener hatten sich geweigert, die Akten herauszugeben, als die Gemeinde im Zuge der Gemeindegebietsreform ihre Selbständigkeit verlor.

„Notfalls führen wir einen 30jährigen Krieg", wurde verkündet. Wahlboykotte, Petitionen, Klagen, Verfassungsbeschwerde: Ermershausen versuchte alles für seine Selbständigkeit. Nach 15 Jahren war es dann so weit. Im Mai 1993 billigte Bayerns Ministerrat einen Gesetzentwurf, der Ermershausen die Selbständigkeit in Form einer Verwaltungsgemeinschaft mit dem benachbarten Hofheim zurückgab.

nach: Nürnberger Nachrichten, 22./23. 1. 1994, S. 18

M 2 Regierungsbezirke, Landkreise und kreisfreie Städte in Bayern

1.	Für welches Ziel haben die Bürger von Ermershausen gekämpft?
2.	Zu welchem Landkreis, zu welchem Regierungsbezirk gehört die „Rebellengemeinde"?
3.	Zu welchem Landkreis, zu welchem Regierungsbezirk gehört Ihre Heimatgemeinde?
4.	Suchen Sie die kreisfreien Städte in Bayern anhand der Regionalkarte (M 2)!

Das Selbstverwaltungsrecht

Oft sind politische Entscheidungen in einem modernen Staat für den Bürger nicht einsehbar. Er fühlt sich „denen da oben" hilflos ausgeliefert. Dieses Problem erkannte Freiherr vom Stein bereits vor fast 200 Jahren und gab im Jahr 1808 den Städten das **Recht der kommunalen Selbstverwaltung** (das Recht der Gemeinden, Entscheidungen in eigener Verantwortung zu treffen). Im Grundgesetz der Bundesrepublik Deutschland ist dieses Selbstverwaltungsrecht ausdrücklich garantiert.

Gemeinden, Landkreise und Regierungsbezirke können eigene Angelegenheiten selbstverantwortlich und bürgernah regeln. Hier ist der Bürger unmittelbar von der Politik betroffen, er kann selbst Einfluß nehmen, indem er die Entscheidungsträger direkt wählt.

Der kommunale Aufbau Bayerns

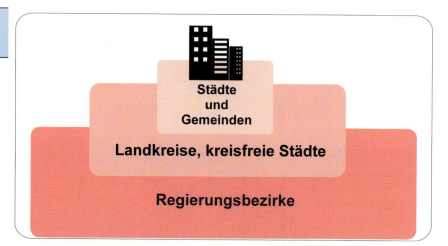

kreisangehörige Gemeinden

- **Große Kreisstädte (24)**
  ehemalige kreisfreie Städte, die im Rahmen der Gebietsreform ihre Kreisunabhängigkeit verloren und denen wegen der Leistungsfähigkeit ihrer Verwaltung größere Aufgaben übertragen wurden

- **Sonstige Städte (258)**

- **Marktgemeinden (370)**
  (Die Bezeichnungen Markt und Stadt wurden an Gemeinden verliehen, die nach Einwohnerzahl, Siedlungsform und wirtschaftlichen Verhältnissen besondere Voraussetzungen erfüllten.)

- **Sonstige Gemeinden (1379)**

Um die Gemeinden in ihrer Leistungsfähigkeit zu stärken, wurden bei der Gebietsreform viele „Zwerggemeinden" aufgelöst und zu größeren Gemeinden zusammengefaßt.

kreisfreie Städte

Kreisfreie Städte gehören keinem Landkreis an und erfüllen neben den Gemeindeaufgaben auch die Aufgaben eines Landkreises.

Der kommunale Aufbau Bayerns

Zu einem **Landkreis** (71 in Bayern) gehören alle kreisangehörigen Gemeinden. Die Landkreise sind zuständig für Aufgaben, die einzelne Gemeinden, z. B. aus finanziellen Gründen, nicht erledigen können.

Der Landkreis und seine Organe

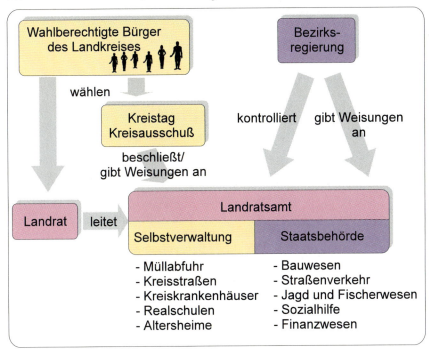

Der **Kreistag** ist das Selbstverwaltungsorgan des Landkreises. Er wird vom Volk direkt gewählt und trifft Entscheidungen im Landkreis, z. B. über Bau und Unterhalt der Realschulen. Der **Kreisausschuß** erledigt die laufenden Aufgaben des Kreistages, er kann selbst Beschlüsse fassen. Das **Landratsamt** ist Verwaltungsbehörde für den Landkreis (Selbstverwaltung) und führt Entscheidungen des Kreistages und der Kreisausschüsse aus. Das Landratsamt ist aber auch Staatsbehörde, die nach den Weisungen der Regierung handelt (z. B. Baugenehmigungen erteilt). Leiter des Landratsamtes ist der **Landrat**, der vom Volk direkt für sechs Jahre gewählt wird.

In Bayern sind die Landkreise in insgesamt **sieben Regierungsbezirken** zusammengeschlossen. Auch die Verwaltung der Regierungsbezirke ist gleichzeitig im Auftrag des Staates tätig (indem sie z. B. die Landkreise und kreisfreien Städte kontrolliert), und sie führt Entscheidungen des Selbstverwaltungsorgans **Bezirkstag** aus. Der Bezirkstag wird von den Bürgern für vier Jahre gewählt und regelt Angelegenheiten, die vor allem die finanziellen Möglichkeiten der Landkreise übersteigen. Aufgabenschwerpunkte sind Umweltschutz, Sozialwesen, Kultur- und Heimatpflege und Gesundheitswesen.

Die Regierungsbezirke

1. Was ist der Unterschied zwischen kreisangehörigen Gemeinden und kreisfreien Städten?
2. Wie heißen die Organe des Landkreises?
3. Nennen Sie Aufgaben, die der Landkreis in Selbstverwaltung ausführt!
4. Wie heißen die sieben Regierungsbezirke in Bayern?

3.2 Die Gemeinden

Darum geht es:
Welche Leistungen erbringen die Gemeinden für die Bürger?
Wer entscheidet in der Gemeinde?
Sind die Gemeinden pleite?

M 1 Eine Schule wird geschlossen

Das Aus fürs „Sigena"
An der Schule werden ab sofort keine Eingangsklassen gebildet

Das Schicksal des Sigena-Gymnasiums in städtischer Obhut ist besiegelt. Der Stadtrat hat mit seiner rot-grünen Mehrheit beschlossen, ab dem Schuljahr 1992/93 keine Eingangsklassen mehr zu bilden.

„Der Verzicht auf Eingangsklassen am Sigena-Gymnasium hat keine bildungspolitischen oder gar pädagogischen Gründe, sondern ist ausschließlich eine Folge der finanziellen Lage der Stadt", betonte der schulpolitische Sprecher der SPD, Dieter Rossmeissl. Der Oberbürgermeister und Rossmeissl, rechtfertigten das Vorgehen damit, daß ein Gymnasium geopfert werden müsse, um den Bestand der übrigen städtischen Schulen zu sichern. Sie verwiesen darauf, daß es der Freistaat Bayern abgelehnt habe, die Schule zu übernehmen. Auf die Bitte der Stadt war von dort mitgeteilt worden, daß 39 Anträge von Kommunen vorliegen, ihre Schulen zu verstaatlichen. Das Kultusministerium ist auch nicht bereit, die Zuschüsse für das Lehrpersonal auf 90 Prozent anzuheben, weil damit der Staatshaushalt mit mindestens 500 Millionen Mark jährlich belastet würde.

Der Beschluß über das Sigena-Gymnasium ist in eine neue Schulsatzung eingebettet, die auch vorsieht, die Zahl der Eingangsklassen an den anderen städtischen Gymnasien und Realschulen festzuschreiben. Auf diese Weise will die Stadt verhindern, daß ihre Ausgaben für Lehrkräfte weiter steigen.

nach: Nürnberger Nachrichten, 7. 5. '92

M 2 Dienste für den Bürger

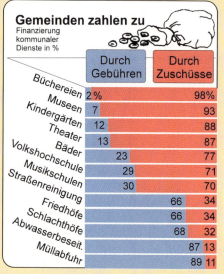

M 3 „Pleitegeier"

Karikatur: Hans-Joachim Gerboth

M 4 Städte in Not

Bonn, 18. 10. 1993

Resolution des Deutschen Städtetages

Bund und Länder haben den Städten in den letzten Jahren umfangreiche Zusatzlasten aufgebürdet, ohne gleichzeitig für den notwendigen finanziellen Ausgleich zu sorgen. Die Städte verlangen deshalb, daß insbesondere die Kosten, die durch Zuwanderung aus dem Ausland oder infolge der Arbeitslosigkeit entstehen, als staatliche Aufgaben von Bund und Ländern zu tragen sind . . .

Nunmehr sollen die Städte auch noch die Kosten übernehmen, die insbesondere durch einen weiteren Rückzug des Bundes aus der Arbeitslosenfinanzierung entstehen würden. Bereits 1994 würde dies die Sozialhilfeausgaben der Gemeinden um mehr als vier Milliarden DM zusätzlich belasten, mit ansteigender Tendenz in den folgenden Jahren . . .

Diese Sparmaßnahme des Bundes zu Lasten der Kommunen würde die Städte in den neuen Bundesländern und in den Krisenregionen der alten Länder besonders belasten. Eine solche Aufgabenverlagerung würde im nächsten Jahr 300 000 Arbeitslosen die Leistungen aus der Arbeitslosenversicherung entziehen und diese zu Sozialhilfeempfängern machen.

nach: der Städtetag, Zeitschrift für Kommunale Praxis und Wissenschaft, November 1993.

M 5 „Sparmaßnahmen"

1. Welche Aufgaben der Gemeinden werden genannt? (M 1, M 2, M 4)
2. Welchen Problemen sehen sich die Gemeinden gegenüber? (M 1, M 2, M 4)
3. Wie können die Gemeinden ihre Finanzlage verbessern? (M 2, M 4, M 5)
4. Überlegen Sie Maßnahmen, die die Gemeinden zur Verbesserung ihrer finanziellen Situation ergreifen können!

Die Gemeinden

Der Bürgermeister leitet die Gemeindeverwaltung und vertritt die Gemeinde nach außen. In kreisfreien Städten und größeren Kreisstädten führt er die Bezeichnung Oberbürgermeister. Er hat aufgrund seiner Direktwahl eine starke Stellung gegenüber dem Gemeinderat.

Der Gemeinderat (in der Stadt: Stadtrat) entscheidet über alle wichtigen Angelegenheiten der Gemeinde. Je nach Größe besteht er aus acht bis 80 Mitgliedern. Die Sitzungen sind in der Regel öffentlich.

Gemeinderäte:

Einwohner	Anzahl
– 1 000	8
– 2 000	12
– 5 000	16
– 10 000	20
– 20 000	24
– 30 000	30
– 50 000	40
– 100 000	44
– 200 000	50
– 500 000	60
Nürnberg	70
München	80

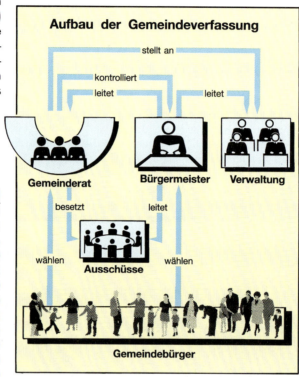

Die Gemeindeverwaltung führt die Beschlüsse des Gemeinderats, die Entscheidungen des Bürgermeisters und die der Gemeinde von Bund und Land übertragenen Aufgaben aus.

Die Ausschüsse bestehen aus den Mitgliedern des Gemeinderats und werden für verschiedene Sachgebiete gebildet. Sie bereiten die Entscheidungen des Gemeinderats vor. Bei größeren Gemeinden fassen sie eigenständig Beschlüsse.

Gemeindewahlen finden im allgemeinen alle sechs Jahre statt. Dabei werden Bürgermeister und Gemeinderäte in getrennten Wahlgängen vom Bürger direkt gewählt. Da Bürgermeister- und Gemeinderatswahlen nicht notwendigerweise gleichzeitig stattfinden, kann es vorkommen, daß der Bürgermeister einer anderen Partei angehört als die Mehrheit des Gemeinderats.

Da nicht jeder Bürger als Gemeinderat mitentscheiden kann, gibt es als unmittelbarste Möglichkeit der Bürgerbeteiligung **die Bürgerversammlung**. Sie wird mindestens einmal jährlich, auf Wunsch von mindestens 5 % der Gemeindebürger auch zu besonderen Anlässen, einberufen. Die Bürgerversammlung dient in erster Linie der öffentlichen Diskussion der Probleme in der Gemeinde. Sie kann keine Beschlüsse fassen, sondern nur Empfehlungen aussprechen.

Aufgaben der Gemeinde

Der Gemeinderat trifft die grundlegenden Entscheidungen für die Gemeinde. Neben den Aufgaben, die die Gemeinden in Selbstverwaltung regeln (**eigener Wirkungskreis**), werden den Gemeinden auch noch Aufgaben zugewiesen, die sie im Auftrag der Bundes- oder Landesregierung ausführen (**übertragener Wirkungskreis**). Bei der Durchführung dieser Aufgaben haben die Gemeinden keine eigene Entscheidungsfreiheit. Sie sind an Bundes- und Landesgesetze sowie an Rechtsverordnungen der Regierung gebunden.

Die Gemeinden

Aufgaben im Bereich der Selbstverwaltung	Aufgaben der Auftragsverwaltung
• Bau und Unterhalt von Volksschulen • Förderung des kulturellen Lebens • Ortsplanung und Wohnungsbau • örtlicher Verkehr, Straßen- und Wegebau • Öffentliche Bäder • Versorgung mit Strom, Gas, Wasser • Abwasser- und Müllbeseitigung	• Ausstellung von Ausweisen und Reisepässen • Standesamt • Erfassung von Wehrpflichtigen • Durchführung von Wahlen • Sozialhilfe

Zur Wahrnehmung ihrer Aufgaben benötigen die Gemeinden Einnahmen. Sie finanzieren sich im wesentlichen aus folgenden Quellen:

Die Einnahmen der Gemeinden

Einnahmen der Gemeinden

Steuern	Gebühren	Beiträge	Zuschüsse
Gewerbesteuer Grundsteuer Anteil an der Einkommensteuer Vergnügungssteuer	für Kanalisation Stände (z. B. auf Märkten) Friedhöfe Müllabfuhr Straßenreinigung	Erschließungsbeiträge für Straßenbau Beleuchtung Bürgersteige Kabelanschluß	Allgemeine und besondere Zuschüsse (von Bund und Ländern) für Sportanlagen Schulbauten kultur. Gebäude (Nah-)Verkehrsprojekte

nach: D. Grosser, Politik – Wissenschaft – Gesellschaft, Braunschweig 1991.

In den letzten Jahren haben die finanziellen Probleme der Gemeinden stark zugenommen. Im Jahr 1992 betrug das Defizit der Gemeinden 17,1 Mrd. DM. Gründe für die Finanzprobleme sind der Konjunktureinbruch der Wirtschaft und Strukturprobleme in vielen Industriezweigen, die vor allem die Gewerbesteuereinnahmen stark sinken ließen. Gleichzeitig müssen die Gemeinden einen Beitrag leisten zur Hilfe für die neuen Bundesländer und werden dadurch zusätzlich belastet.

Die leeren Kassen der Gemeinden

Aus diesem Grund sind die Gemeinden gezwungen, jede einzelne Ausgabe auf ihre Notwendigkeit zu überprüfen. Neben Stellenabbau in der Gemeindeverwaltung streichen die Gemeinden ihre Leistungen für den Bürger und schließen Theater, Hallenbäder und Schulen . . . Außerdem versuchen sie die Einnahmen durch Erhöhung von Steuern, Gebühren und Beiträgen zu verbessern.

1. Welche Organe treffen die Entscheidungen in der Gemeinde?
2. Wo werden die wichtigen Entscheidungen für die Gemeinde getroffen?
3. Nennen Sie Aufgaben aus dem Bereich der Selbstverwaltung der Gemeinden und aus der Auftragsverwaltung!
4. Welche Einnahmequellen haben die Gemeinden?

3.3 Staatsorgane im Freistaat Bayern

Darum geht es:
Was bedeutet die Bezeichnung „Freistaat"?
Gibt es in der Bayerischen Verfassung irgendwelche Besonderheiten?
Brauchen wir neben dem Bundestag noch einen Landtag und neben der Bundesregierung noch eine Landesregierung?

M 1 Staatskanzlei – Schaltzentrale der Staatsregierung

M 2 Maximilianeum – Sitz des Bayerischen Landtages

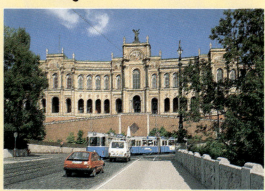

M 3 Gesetzentwurf der Staatsregierung

Zweites Gesetz zur Änderung des Polizeiaufgabengesetzes (PAG)

Die Gefahr von Ausschreitungen von Rechts- und Linksextremisten bei Demonstrationen läßt sich nach Meinung der Polizei wesentlich verringern, wenn verdächtige Personen vor Beginn der Veranstaltung festgenommen werden dürfen und bis zum Ende der Veranstaltung im Gewahrsam der Polizei verbleiben. Eine solche vorbeugende Festnahme zur Verhinderung von Straftaten wird Unterbindungsgewahrsam genannt.
Im Jahr 1988 brachte die Bayerische Staatsregierung eine entsprechende Änderung des Polizeiaufgabengesetzes im Bayerischen Landtag ein, durch die es ermöglicht werden sollte, daß ein Richter auf Antrag der Polizei Unterbindungsgewahrsam bis zu zwei Wochen verhängen kann.

M 4 1. Lesung des Regierungsentwurfes vor dem Landtag

Staatsminister Dr. Stoiber [1] **(CSU):**
Der Bayerische Senat hat hierzu am 22. September 1988 eine Stellungnahme abgegeben, in der der Gesetzentwurf der Staatsregierung grundsätzlich begrüßt worden ist.
Entgegen aller in der veröffentlichten Meinung und von der Opposition in diesem Hohen Hause verbreiteten Polemik hat der Senat zur Verfassungsmäßigkeit des Gesetzentwurfes der Staatsregierung unter anderem folgendes festgestellt – ich zitiere aus der Stellungnahme des Bayerischen Senats –:
Der Bayerische Senat hält die vorgesehene Verlängerung des möglichen Gewahrsams auf bis zu zwei Wochen für notwendig. Verfassungsrechtliche Bedenken bestehen dagegen nicht.

[1] seit 28. 5. 1993 Bayerischer Ministerpräsident

M 5 2. Lesung und Abstimmung

Bäumer (Die Grünen):
Was Sie hier planen, ist eine Einschränkung von Grundrechten, indem Sie die Bürger mit Haft bedrohen und damit überhaupt davon abhalten wollen, ihre Grundrechte wahrzunehmen.

Warnecke (SPD):
Wenn wir uns gegen diesen Gesetzentwurf aussprechen, dann nicht nur aus unserer sozialdemokratisch rechtsstaatlichen Bürger- und Freiheitsrechte achtenden Position. Wir haben praktisch auch den gesamten polizeilichen Sachverstand außerhalb Bayerns auf unserer Seite.

Zweiter Vizepräsident Dr. Rothemund:
Da ein Antrag auf Dritte Lesung nicht gestellt wurde, treten wir gemäß § 59 der Geschäftsordnung unmittelbar in die Schlußabstimmung ein. Hierzu ist Antrag auf namentliche Abstimmung seitens der Fraktion Die Grünen gestellt.
...
Ich gebe das Abstimmungsergebnis bekannt. Von einem Kollegen sind zwei Stimmen abgegeben worden, sowohl Ja als auch Nein. Daß diese Stimmabgabe ungültig ist, daran kann es wohl keinen Zweifel geben. Ansonsten stelle ich fest: 90 Jastimmen, 43 Neinstimmen. Damit ist das Gesetz angenommen.

Plenarprotokoll 11/90, vom 14. 3. 1989

M 6 Entscheidung des Verfassungsgerichtshofs

Unterbindungsgewahrsam ist Rechtens
Popularklagen abgewiesen / Polizeiaufgabengesetz nicht verfassungswidrig

München – Die umstrittene Verschärfung des bayerischen Polizeiaufgabengesetzes ist nicht verfassungswidrig. Mit dieser Entscheidung hat der Bayerische Verfassungsgerichtshof (VGH) am Donnerstag mehrere Klagen abgewiesen, die insbesondere die Verlängerung des sogenannten „Unterbindungsgewahrsam" von zwei auf 14 Tage zu Fall bringen wollten. Nach Ansicht der bayerischen Verfassungsrichter sind die „massiven verfassungsrechtlichen Bedenken" der Kläger gegen die Verlängerung der Vorbeugehaft unbegründet. Aus der Sicht des VGH verstößt es weder gegen die vom Grundgesetz garantierten Freiheitsrechte noch gegen das Rechtsstaatsprinzip der Bayerischen Verfassung, daß die bayerische Polizei beim Versuch, Straftaten und Ordnungswidrigkeiten zu verhüten, Bürger ohne Haftbefehl bis zu 14 Tage lang einsperren darf.

nach: Süddeutsche Zeitung, 3. 8. 1990

1.1 Wie begründet die Bayerische Staatsregierung die Änderung des Polizeiaufgabengesetzes (M 3–M 4)?
1.2 Welche Argumente werden gegen die Änderung vorgebracht (M 5–M 6)?
2. Welche Organe des Freistaates Bayern sind am Gesetzgebungsverfahren beteiligt (M 3–M 5)?
3. Welche Aufgabe hat im vorliegenden Fall der Bayerische Verfassungsgerichtshof (M 6)?

Staatsorgane im Freistaat Bayern

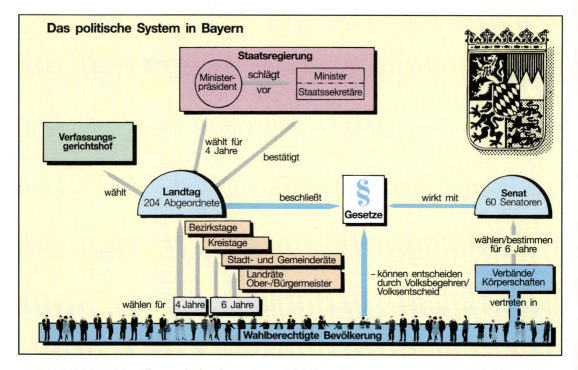

Bayern – ein Freistaat	Alle Bundesländer in Deutschland sind Staaten mit eigener staatlicher Hoheitsgewalt und eigenen Staatsorganen. Die Staatsform Bayerns ist in Art. 1 der Bayerischen Verfassung niedergelegt: „Bayern ist ein Freistaat." Dies bedeutet, Bayern ist eine **Republik** (im Gegensatz zu einer Monarchie). Außerdem ist Bayern eine **Demokratie**, d. h. die Staatsgewalt wird durch das Volk bzw. durch den vom Volk gewählten Landtag und die Staatsregierung ausgeübt (Art. 2 und Art. 4 BV).
Die Aufgaben des Bayerischen Landtags	• Die Bayerische Verfassung weist dem Landtag alle Aufgaben zu, die ein „klassisches" Parlament zu erfüllen hat: • Gesetzgebung (Art. 72 BV) • Haushaltsrecht (Art. 70 BV) (das Recht, die Ausgaben des Landes festzulegen) • Kontrolle von Regierung und Verwaltung, z. B. durch öffentliche Debatten im Parlament oder durch Untersuchungsausschüsse, die ein mögliches Fehlverhalten von Regierung oder Verwaltung aufklären sollen. • Wahl des Ministerpräsidenten (Art. 44 V) Abwählen kann der Landtag den Ministerpräsidenten nicht. Die Bayerische Verfassung verpflichtet in Art. 44 den Ministerpräsidenten nur dann zum Rücktritt, „. . . wenn die politischen Verhältnisse ein vertrauensvolles Zusammenarbeiten zwischen ihm und dem Landtag unmöglich machen".
Der Senat ist eine bayerische Besonderheit	Als einziges Land der Bundesrepublik Deutschland besitzt der Freistaat Bayern mit dem Senat eine zweite Kammer. Die Mitglieder des Senats werden nicht direkt von der bayerischen Bevölkerung gewählt, sonden von gesellschaftlichen Gruppierungen wie den Wirtschaftsverbänden, den Religionsgemeinschaften und den Hochschulen entsandt. Dadurch bilden sie ein Gegengewicht zu der

Staatsorgane im Freistaat Bayern

rein parteipolitischen Zusammensetzung des Landtags. Sie sollen die Vorstellungen ihrer Organisationen im Verlauf des Gesetzgebungsverfahrens äußern und gegebenenfalls in die Formulierung der Gesetze einfließen lassen (Art. 34–36 BV). In welcher Form die Einflußnahme des Senats erfolgt, ist aus dem folgenden Schaubild ersichtlich:

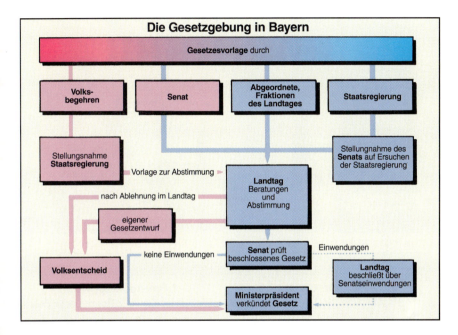

Ähnlich wie der Bundeskanzler bestimmt der Bayerische Ministerpräsident die Grundzüge der Politik und trägt dafür die Verantwortung gegenüber dem Landtag (Art. 47 BV). Der Ministerpräsident ernennt die Minister und Staatssekretäre. Anders als auf Bundesebene bedarf die Ernennung aber der Zustimmung des Landtages (Art. 45 BV). Außerdem legt Art. 49 der Bayerischen Verfassung die Geschäftsbereiche der Staatsministerien fest und bestimmt, daß die Anzahl der Ministerien nur mit Zustimmung des Landtags verändert werden kann.

Der Bayerische Ministerpräsident

Der Bayerische Verfassungsgerichtshof steht als selbständiges Staatsorgan neben Landtag, Senat und Staatsregierung. Er kann u. a. in folgenden Fällen angerufen werden:
- Beschwerden wegen Verletzung der in der Bayerischen Verfassung festgelegten Grundrechte (Popularklage)
- Streitigkeiten zwischen den obersten Staatsorganen um ihre verfassungsmäßigen Rechte
- Überprüfung der Verfassungsmäßigkeit von Gesetzen

Der Bayerische Verfassungsgerichtshof

1. Warum kann man den Bayerischen Landtag als ein „klassisches" Parlament bezeichnen?
2. Erläutern Sie die Rechte des Senats im Gesetzgebungsverfahren!
3. Welche Rechte hat der Bayerische Ministerpräsident?
4. Welche Aufgaben hat der Bayerische Verfassungsgerichtshof?

3.4 Föderalismus in der Bundesrepublik Deutschland

Darum geht es:
Was ist eigentlich der Unterschied zwischen Bund und Ländern?
Wer hat mehr zu sagen, Bund oder Länder?
Wozu brauchen wir eigentlich Länder?

BUND

Ausschließliche Gesetzgebung
(Art. 71, 73 GG); die Gesetzgebungsbefugnis steht nur dem Bund zu
- Auswärtige Angelegenheiten
- Verteidigung, Zivilschutz
- Staatsangehörigkeit
- Paßwesen
- Währungs- und Geldwesen
- Zölle und Außenhandel
- Luft- und Eisenbahnverkehr
- Post- und Fernmeldewesen

Rahmengesetzgebung
(Art. 75 GG); der Bund steckt den Rahmen für die Gesetzgebung der Länder ab
- Hochschulwesen
- Jagdwesen, Naturschutz und Landschaftspflege
- Bodenverteilung und Raumordnung
- Melde- und Ausweiswesen

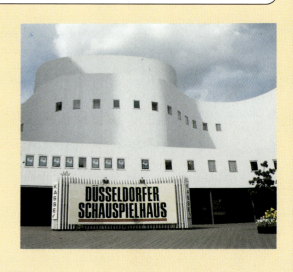

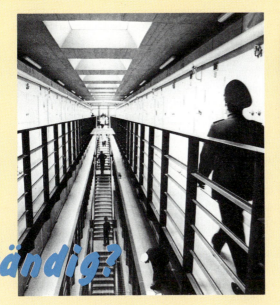

zuständig?

BUND UND LÄNDER
Konkurrierende Gesetzgebung (Art. 72, 74 GG); die Länder haben nur dann ein Gesetzgebungsrecht, wenn der Bund seine Befugnisse nicht wahrnimmt. Sie erstreckt sich u. a. auf folgende Gebiete: – Strafrecht und Strafvollzug – Aufenthaltsrecht für Ausländer – öffentliche Fürsorge – Wirtschafts- und Arbeitsrecht – Erzeugung und Nutzung der Kernenergie – Ausbildungsbeihilfen – Straßenverkehr und Kraftfahrwesen

LÄNDER
Ausschließliche Gesetzgebung (Art. 70 GG); das Recht zur Gesetzgebung liegt unter anderem in folgenden Bereichen ausschließlich bei den Ländern: – Kultur – Bildungswesen – Polizeiwesen – Gesundheitswesen

1. Ordnen Sie die abgebildeten staatlichen Tätigkeiten den Aufgabenbereichen von Bund und Ländern zu!
2. Sind die staatlichen Aufgaben gleichmäßig zwischen Bund und Ländern verteilt? Begründen Sie Ihre Meinung anhand der Materialien!

Föderalismus in der Bundesrepublik Deutschland

Die Bundesrepublik Deutschland ist ein Bundesstaat

Von einem Bundesstaat spricht man, wenn mehrere Gliedstaaten zu einem Gesamtstaat zusammengeschlossen werden. Das Bundesstaatsprinzip bezeichnet man auch als **Föderalismus**. Den Gliedstaaten wird dabei ein bestimmtes Maß an Selbständigkeit und die Beteiligung an der Willensbildung des Gesamtstaates garantiert. Die Bundesländer sind also mehr als nur eine verwaltungsmäßige Untergliederung des Staatsgebietes, sie sind ebenso Staaten wie der Bund. Deshalb haben sie eigene Verfassungen und eigene staatliche Organe wie die Landtage, die Landesregierungen sowie die Verfassungs- und Staatsgerichtshöfe.

Aufgabenverteilung zwischen Bund und Ländern

Da sowohl die Länder (als Gliedstaaten) als auch der Bund (als Zentralstaat) Staatsaufgaben wahrnehmen, ist eine sorgfältige Aufgabenverteilung notwendig. In der **Gesetzgebung** werden die Befugnisse von Bund und Ländern sehr genau voneinander abgegrenzt (siehe Übersicht auf S. 62, 63). Auch in der **Verwaltung** gibt es eine Aufgabenteilung:
- Bundeseigene Verwaltung: z. B. Bundeswehr und Auswärtiger Dienst
- Auftragsverwaltung der Länder: Bestimmte Aufgaben (z. B. die Verwaltung von Bundesautobahnen und Bundesstraßen) werden von den Ländern im Auftrag des Bundes ausgeführt, d. h., der Bund kann den Länderverwaltungen Weisungen erteilen.
- Verwaltung als eigene Angelegenheit: Auch diese Aufgaben (z. B. Umweltschutz) werden durch Bundesgesetze geregelt, aber die Länderverwaltungen unterliegen nicht den Weisungen des Bundes.
- Landeseigene Verwaltung: in allen Bereichen, in denen die Länder über die ausschließliche Gesetzgebungskompetenz verfügen.

Der Bundesrat

Darüber hinaus haben die Länder das Recht, über den Bundesrat an der Gesetzgebung des Bundes mitzuwirken. Zu den Aufgaben des Bundesrates gehören:
- das Einbringen von eigenen Gesetzentwürfen
- die Stellungnahme zu Gesetzentwürfen der Regierung
- Zustimmung, Einspruch oder Ablehnung von Gesetzen (s. dazu Kap. 3.5.2)

Jedes Land entsendet entsprechend seiner Bevölkerungszahl zwischen drei und sechs Vertreter in den Bundesrat. Diese müssen bei Abstimmungen ihre Stimmen geschlossen und nach Weisung der Landesregierung abgeben.

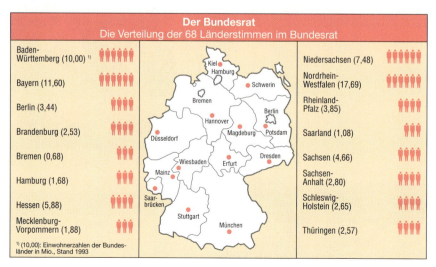

Der Bundesrat
Die Verteilung der 68 Länderstimmen im Bundesrat

Baden-Württemberg (10,00) [1]
Bayern (11,60)
Berlin (3,44)
Brandenburg (2,53)
Bremen (0,68)
Hamburg (1,68)
Hessen (5,88)
Mecklenburg-Vorpommern (1,88)
Niedersachsen (7,48)
Nordrhein-Westfalen (17,69)
Rheinland-Pfalz (3,85)
Saarland (1,08)
Sachsen (4,66)
Sachsen-Anhalt (2,80)
Schleswig-Holstein (2,65)
Thüringen (2,57)

[1] (10,00): Einwohnerzahlen der Bundesländer in Mio., Stand 1993

Föderalismus in der Bundesrepublik Deutschland

Ein wesentliches Kennzeichen des Föderalismus in der Bundesrepublik Deutschland ist die ausschließliche Zuständigkeit der Bundesländer in der **Bildungspolitik**. Diese Kulturhoheit der Länder hat teilweise zu unterschiedlichen Entwicklungen des Bildungswesens geführt, so daß die Berufs- und Bildungschancen in den einzelnen Ländern ganz verschieden sein können. Um trotz aller kulturellen Eigenständigkeit ein einheitliches Bildungssystem zu gewährleisten, wurde die ständige Konferenz der Kultusminister eingerichtet. Sie sorgt durch Vereinbarungen und einstimmige Beschlüsse für die notwendige Einheitlichkeit. Hier verabschieden zum Beispiel die Kultusminister für jedes Jahr eine gemeinsame Ferienordnung und regeln unter anderem die gegenseitige Anerkennung der Abschlußzeugnisse von Hauptschulen, Realschulen und Fachoberschulen. Da in der Kultusministerkonferenz das Prinzip der Einstimmigkeit gilt, sind gemeinsame Regelungen zwar nicht leicht zu finden, aber dafür werden sie von allen Bundesländern akzeptiert.

Der Kulturföderalismus

Immer wieder einmal melden sich Kritiker des Föderalismus zu Wort, doch kann man ihnen zahlreiche Argumente zugunsten unserer Bundesstaatlichkeit entgegenhalten.

Föderalismus im Widerstreit der Meinungen

Kritik	Zustimmung
Schwerfälligkeit der politischen Entscheidungsprozesse	Stärkere Berücksichtigung regionaler Besonderheiten in einem föderalistischen Staat.
Ungleiche Bildungs- und damit Lebenschancen in den einzelnen Bundesländern	Kleinere Teilstaaten fördern die Überschaubarkeit; räumliche Nähe, unmittelbare Betroffenheit und persönliche Kenntnis der Probleme verstärken das Engagement der Bürger und ermöglichen sachgerechte Entscheidungen.
Erhöhte Kosten durch die Doppelgleisigkeit der staatlichen Organe	Verstärkter Wettbewerb der Parteien in Bund und Ländern und gegenseitiger Austausch von qualifizierten Politikern
	Verhinderung zu großer Machtkonzentration beim Bund durch die Gewaltenteilung zwischen Bund und Ländern

1. Was versteht man unter Föderalismus?
2. Welche Aufgaben hat der Bundesrat, und wie ist er zusammengesetzt?
3. Welches Argument für oder gegen den Föderalismus erscheint Ihnen besonders wichtig? Begründen Sie Ihre Meinung!

3.5.1 Der Bundestag

Darum geht es:
Wird im Bundestag eigentlich nur diskutiert?
Welche Aufgaben hat unser Parlament?
Welche Rechte hat es?

M 1 Schlagzeilen

LUXUSSANIERUNG
Mieter können ihre alten Wohnungen nicht mehr bezahlen

Teure Wohnungen stehen leer – Sozialwohnungen fehlen

Neue Eigentümer vertreiben alte Mieter

M 2 179. Sitzung des 12. Deutschen Bundestages am 30. September 1993

Tagesordnung: Beratung eines Gesetzes zur Änderung des Wohnungseigentums

Mit dem Gesetzentwurf soll die Umwandlung bestehender Mietwohnungen in Wohnungseigentum erschwert werden. In der Vergangenheit hatte die Umwandlung von Altbauwohnungen in Eigentumswohnungen oft zum Verlust der Wohnung für die alten Mieter geführt und war deshalb in der Öffentlichkeit stark kritisiert worden.

Dieter Maaß (SPD):

Es ist höchste Zeit für einen Wechsel in der Wohnungspolitik. Seit über zehn Jahren trägt diese Regierung die Verantwortung für den Wohnungsbau. Das Ergebnis: Mehr als 2,5 Millionen Wohnungen fehlen, bezahlbarer Wohnraum für breite Schichten der Bevölkerung steht nicht mehr zur Verfügung. Ein Wohnungsmarkt besteht für diese Einkommensgruppe praktisch nicht mehr.
Die von uns Sozialdemokraten im Deutschen Bundestag eingebrachten Vorschläge zur Beseitigung der größten Wohnungsnot haben Sie, meine Damen und Herren, abgelehnt oder einfach ignoriert. Ich nenne Beispiele: Ankurbelung des sozialen Wohnungsbaus durch die Förderung von mindestens 200 000 Wohnungen pro Jahr in den kommenden zehn Jahren; eine einkommensunabhängige Eigenheimförderung, die auch Normalverdienern die Möglichkeit bietet, Wohnungseigentum zu schaffen.

Dietmar Kansy (CDU/CSU):

Bund, Länder und Gemeinden geben zur Zeit an der Grenze ihrer finanziellen Leistungsfähigkeit jährlich eine zweistellige Milliardensumme für die Förderung des Wohnens in sehr unterschiedlicher Weise aus und haben damit im übrigen ja auch beachtliche Erfolge erzielt.
Bitte reden wir doch nicht immer nur schlecht. Wenn wir in diesem Jahr zum erstenmal in Westdeutschland wieder mehr als 400 000 neue Wohnungen fertigstellen werden und in Ostdeutschland nach der Konzentration der ersten drei Jahre zur Bestandssicherung und Modernisierung auch in diesem Jahr eine Verdoppelung der Zahl der Baugenehmigungen und eine wahrscheinliche Fertigstellung von 50 000 Wohnungen haben werden – ich weiß, daß das nach wie vor zu niedrig ist –, dann ist das doch auch ein Erfolg unserer gemeinsamen Anstrengungen in Bund, Ländern und Gemeinden.

M 3 Die Wahl des Bundeskanzlers

M 4 Der Haushalt 1995 im Bundestag

Von der Bundesregierung geplante Ausgaben	(in Mio. DM)	Vom Bundestag beschlossene Ausgaben
132.337	Arbeit und Soziales	128.832
89.960	Bundesschuld	87.996
47.900	Verteidigung	47.859
24.131	Allgem. Finanzverwaltung	24.043
53.550	Verkehr	53.235
33.093	Familie, Frauen	33.062
12.580	Wirtschaft	12.675
12.414	Landwirtschaft	12.568
15.527	Forschung, Bildung	15.531
9.674	Raumordnung, Bauwesen	10.093
8.559	Inneres	8.471
8.255	Entwicklungshilfe	8.104
36.120	übrige Ausgaben	35.216
484.100	Gesamt	477.685

(Abweichungen durch Auf- und Abrunden)

1. Beschreiben Sie die Probleme, die in M 1 deutlich werden!
2. Welche Vorschläge zur Verbesserung der Wohnsituation werden in dieser Bundestagssitzung gemacht? (M 2)
3. Welche Unterschiede finden Sie zwischen den Äußerungen der Abgeordneten Dieter Maaß und Dietmar Kansy? (M 2)
4. Nennen Sie die Aufgaben und Pflichten des Bundestages, die in den Materialien angesprochen werden! (M 2–M 4)
5. Welche Möglichkeiten hat der Bundestag, die Regierung unter Druck zu setzen? (M 2, M 4)

Der Bundestag

Aufbau des Deutschen Bundestages

Der Bundestag hat eine Fülle von Aufgaben zu bewältigen. Dazu braucht er eine hochentwickelte Organisation.

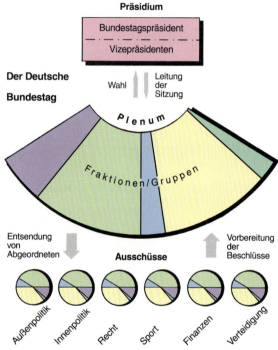

Der Bundestagspräsident
Der Bundestagspräsident oder einer seiner Stellvertreter leitet als Vorsitzender die Plenarsitzungen des Bundestages. Dabei muß er auch darauf achten, daß die Abgeordneten sich an die für Debatten geltenden Regeln halten und nicht ausfällig werden. Bei Verstößen kann er Parlamentarier bis zu 30 Tagen aus dem Saal verweisen.

Das Plenum
Plenum nennt man die Gesamtheit der Parlamentarier.

Fraktionen
Die Abgeordneten, die derselben Partei angehören, schließen sich zu Fraktionen zusammen (Mindestgröße: 5 % der Bundestagsabgeordneten; kleinere Zusammenschlüsse werden als *Gruppe* bezeichnet.). Diese können auch aus Parlamentariern mehrerer Parteien bestehen, wenn sie die gleichen politischen Ziele verfolgen (z. B. CDU/CSU-Fraktion). In den Fraktionssitzungen werden die im Bundestag anstehenden Fragen diskutiert und meist die für eine Fraktion verbindlichen Antworten durch Mehrheitsentscheidung festgelegt.

Ausschüsse
Das Plenum bildet verschiedene Ausschüsse. Die meisten Vorlagen – z. B. Gesetzentwürfe – werden vom Plenum zunächst zur Bearbeitung und Beratung an die Ausschüsse überwiesen. Die Zusammensetzung dieser Gremien richtet sich nach dem Anteil der Fraktionen an den Sitzen im Plenum.

Aufgaben des Deutschen Bundestages

- Der Bundestag wählt den „Chef" der Bundesregierung – den **Bundeskanzler** (Art. 63 GG).
- Er nimmt an der Wahl des **Bundespräsidenten** teil (Art. 54 GG).
- Er wählt außerdem die Hälfte der Mitglieder des **Bundesverfassungsgerichts** (die andere Hälfte wird vom Bundesrat gewählt).
- Einzelne Bundestagsabgeordnete gehören überdies **Richterwahlausschüssen** an. Sie bestimmen die Richter an den obersten Gerichtshöfen des Bundes (z. B. Bundesgerichtshof).
- Im Bundestag werden **Gesetze** für die verschiedensten Lebensbereiche beraten und beschlossen. Wie dies im einzelnen vor sich geht, wird in Kapitel 3.5.2 dargestellt. In der Form eines Gesetzes verabschiedet der Bundestag auch **außenpolitische Verträge** und beschließt jährlich einen Plan, in dem alle Einnahmen und Ausgaben des Staates für das jeweils folgende Jahr festgelegt sind. Man nennt diese Zusammenstellung den **Haushaltsplan**.

Der Bundestag

In einem demokratischen Staat muß Macht kontrolliert werden, um Mißbrauch zu verhindern. Diese Aufgabe kommt in erster Linie dem Bundestag zu. Durch die Mitgestaltung und Prüfung des Haushaltsplanes kontrolliert der Bundestag zugleich die Bundesregierung. Darüber hinaus verfügt er über eine ganze Reihe von weiteren Mitteln, die eine wirksame **Kontrolle** der Regierung ermöglichen sollen.

Kontrollmittel des Bundestages gegenüber der Regierung

Anfragen	Debatten	Untersuchungsausschuß	Sturz der Regierung
Die **Große Anfrage** spricht im allgemeinen grundsätzliche politische Fragen an. Über die schriftliche Antwort der Bundesregierung wird im Bundestag debattiert. Die **Kleine Anfrage** betrifft im allgemeinen Einzelaspekte und wird von der Bundesregierung auch schriftlich beantwortet.	In der **Aktuellen Stunde** wird über eine bestimmte Thematik debattiert. Die **Fragestunde** ist thematisch nicht begrenzt und wird zu Beginn jeder Plenarsitzung abgehalten.	Ein Untersuchungsausschuß hat die Aufgabe, fragwürdige Sachverhalte zu klären. Er muß einberufen werden, wenn mindestens ein Viertel der Abgeordneten dies wünscht (Art. 44 GG).	Der Bundestag kann den Bundeskanzler nur durch die Wahl eines Nachfolgers aus dem Amt entfernen (konstruktives Mißtrauensvotum). Damit wird die Möglichkeit, den Kanzler zum Rücktritt zu zwingen, erschwert und soll sichergestellt werden, daß die Bundesrepublik jederzeit einen handlungsfähigen Kanzler hat (Art. 67 GG).

Die zentrale Rolle des Bundestages, unseres Parlaments, ist in dem Begriff „**parlamentarisches Regierungssystem**" ausgedrückt, mit dem die politische Ordnung der Bundesrepublik Deutschland gekennzeichnet wird. Er meint eine Verfassungsform, in der dem Parlament das Recht zukommt, den Regierungschef zu wählen bzw. zu stürzen.

Die öffentliche Kontrolltätigkeit des Parlaments ist im parlamentarischen Regierungssystem weitgehend auf die **Opposition** im Parlament beschränkt. Sie besteht aus den Abgeordneten der Parteien, die nicht an der Regierung beteiligt sind. Da sie im Parlament in der Minderheit sind und somit nicht den Kanzler stürzen können, ist die direkte Wirksamkeit ihrer Kontrolle nur gering. Die Opposition kann aber z. B. durch die Einsetzung eines Untersuchungsausschusses und durch Große Anfragen einen gewissen Druck auf die Regierung ausüben, indem sie diese öffentlich kritisiert und zur Rechtfertigung zwingt. Diese Kontrolle wird besonders dadurch wirksam, daß das Fernsehen und die Zeitungen über die Kritik berichten und Stellungnahmen von der Regierung fordern. Außerdem betont die Opposition in ihren Beiträgen auch die Alternativen zum Handeln der Regierung. Überzeugt sie damit, kann sich dies bei der nächsten Wahl auf das Stimmverhalten der Bürger auswirken.

Rolle der Opposition

1. Erklären Sie, was man unter *Plenum* und *Fraktion* versteht!
2. Welche Aufgaben haben die Ausschüsse des Deutschen Bundestages?
3. Wie sind die Ausschüsse des Deutschen Bundestages zusammengesetzt?
4. Welche Aufgaben hat der Bundestag?
5. Beschreiben Sie die Möglichkeiten des Bundestages, seine Kontrollfunktion auszuüben!

3.5.2 Die Gesetzgebung

Darum geht es:
Wer redet bei der Gesetzgebung mit?
Wer setzt sich durch?
Muß Gesetzgebung so umständlich sein?

M 1 § 218 – Pro und Contra

M 2 Gesetzesvorschläge der Fraktionen zum Streit um die Abtreibung

CDU/CSU
Im Streit um die Änderung des Abtreibungsparagraphen 218 setzt die Union darauf, daß der Regierungsentwurf aus der vorigen Wahlperiode des Bundestages eine Mehrheit findet. Die CDU/CSU-Fraktion beschloß, den Gesetzentwurf wieder einzubringen, der vergangenes Jahr im Bundesrat gescheitert war. Nach diesem Entwurf bleibt eine Abtreibung innerhalb der ersten zwölf Schwangerschaftswochen straffrei, wenn sich die Frau einer ärztlichen Beratung unterzieht. Diese müsse zielorientiert auf den Erhalt des ungeborenen Lebens ausgerichtet sein. Auch ist eine Bestrafung von Angehörigen oder des Vaters vorgesehen, wenn sie die Frau zur Abtreibung drängen. Frauen, die den Eingriff nicht bezahlen können, müssen beim Sozialamt Antrag auf Kostenerstattung stellen.

SPD
Ziel der Reform ist es, sowohl den Schutz des werdenden Lebens als auch die eigenverantwortliche Entscheidung der Frau zu sichern. Eine Frau geht nach dem Gesetzentwurf straffrei aus, wenn sie eine Abtreibung in den ersten zwölf Schwangerschaftswochen vornehmen läßt und sich zuvor von einer gesetzlich anerkannten Stelle beraten ließ. Die Beratung soll „zur Fortsetzung der Schwangerschaft ermutigen", aber die Frau dabei „nicht einschüchtern". Der Arzt, der die Abtreibung vornimmt, ist verpflichtet, ein weiteres „ärztliches Aufklärungs- und Beratungsgespräch" zu führen. Nur dann gehen er und die Schwangere straffrei aus. Die SPD lehnt zusätzliche Strafvorschriften gegen Angehörige oder den Vater ab, falls diese die Schwangere zur Abtreibung drängen. Diese Form der Nötigung sei bereits hinreichend im Strafgesetzbuch geregelt. Der Bund verpflichtet sich, die Abtreibung zu finanzieren, falls die Frau weniger als 1900 Mark netto im Monat verdient.

F.D.P.

Der Entwurf ist so gestaltet, daß nicht nur der notwendige Lebensschutz herausgestellt wird, sondern auch die Eigenverantwortung der Frau. Danach soll ein Abbruch nach einer ärztlichen Beratung in den ersten zwölf Schwangerschaftswochen straffrei bleiben. Die Finanzierung für Bedürftige solle über die Krankenkassen abgewickelt werden, so daß der Frau der Gang zum Sozialamt erspart bleibe. Strafbestimmungen für Angehörige oder andere Personen, die eine Schwangere zum Abbruch drängen, enthält der Entwurf nicht.

Bündnis 90/Die Grünen

Eine Abtreibung soll innerhalb der ersten zwölf Wochen für nicht rechtswidrig erklärt werden, wenn sich die Frau einer ärztlichen Beratung unterzogen hat. Die verpflichtende Beratung wird aber in einem gesonderten Gesetz geregelt und nicht unter Strafandrohung gestellt. Auch ist keine besondere Strafandrohung für Angehörige oder den Vater vorgesehen, wenn diese die Schwangere zur Abtreibung drängen. Überdies wollen die Grünen eine weitgehende Finanzierung der Abtreibung über die Krankenkassen auch ohne finanzielle Notlage der Frau erreichen.

PDS

Die PDS im Bundestag will den Abtreibungsparagraphen 218 aus dem Strafrecht ersatzlos streichen. Statt dessen soll das Grundgesetz in Artikel 2 ergänzt werden: „Jede Frau hat das Recht, selbst zu entscheiden, ob sie eine Schwangerschaft austrägt oder nicht." Bei der Vorstellung ihres Gesetzentwurfs sagten Sprecherinnen der Bundestagsgruppe, Frauen müßten das Recht haben, selbst über ihren Körper und ihr Leben zu bestimmen.

(Da die PDS weniger als 5 % der Bundestagsabgeordneten umfaßt und damit Fraktionsstärke nicht erreicht, kann sie nicht als Fraktion anerkannt werden, sondern nur als Gruppe. Gruppen im Bundestag verfügen über die meisten Rechte, die den Fraktionen zustehen, und erhalten wie diese finanzielle Zuschüsse.)

M 3 Umfrage

Abtreibung bis zum dritten Monat?

In der Abtreibungsfrage sind von den Bürgern für:

Im Westen		Im Osten
8	Verbot	7
25	Verbot, aber mit Ausnahmen	10
34	Erlaubnis nach eingehender Beratung	50
39	grundsätzliche Straffreiheit	33

Angaben in %

Süddeutsche Zeitung, 15./16. 6. 1991

1. Welche Meinungen werden bei den Demonstrationen vertreten? (M 1) Was meinen Sie dazu?
2. Wie unterscheiden sich die Gesetzentwürfe zur Abtreibung? (M 2)
3. Vergleichen Sie die Gesetzentwürfe (M 2) mit den Ergebnissen der Umfrage (M 3)!
4. Was spricht Ihrer Meinung nach für und/oder gegen die Entwürfe?

Die Gesetzgebung

Die Gesetzgebung im Überblick

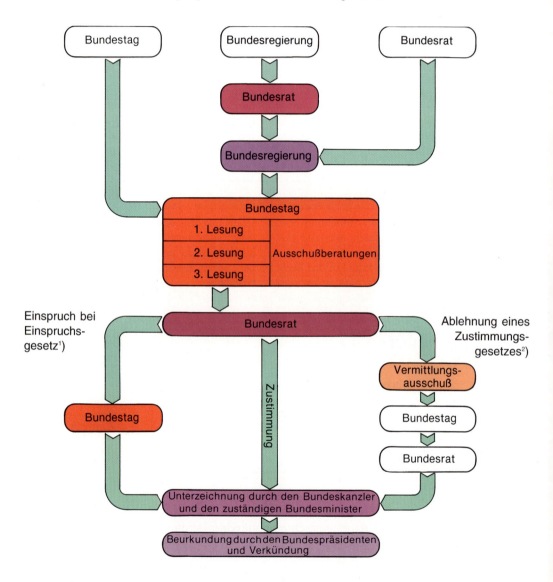

[1]) Bei **Einspruchsgesetzen** kann ein möglicher Einspruch des Bundesrates vom Bundestag zurückgewiesen werden. Dazu ist die gleiche Mehrheit erforderlich, mit der auch der Einspruch beschlossen worden ist.

[2]) **Zustimmungsgesetze** können nur in Kraft treten, wenn ihnen der Bundesrat zugestimmt hat. Es sind dies z. B. Gesetze, die die Verwaltung der Länder betreffen, Ausgaben für die Länder festlegen, Grundgesetzänderungen.

Die Gesetzgebung

Das Recht, Gesetzesvorschläge in den Bundestag einzubringen, besitzen **Abgeordnete des Bundestages** (mindestens 5 % der Mitglieder), die **Bundesregierung** und der **Bundesrat,** der sich aus Vertretern der Länderregierungen zusammensetzt. Bundesregierung und Bundesrat leiten sich wechselseitig ihre Gesetzentwürfe zu, bevor diese vom Bundestag diskutiert werden. Die Bundesregierung muß, der Bundesrat kann dazu Stellung nehmen.

Wie entsteht ein Gesetz?

In der **ersten Lesung** debattiert das Plenum des Bundestages über die allgemeinen Grundzüge des Gesetzentwurfes. Es stimmt darüber ab, ob der Vorschlag abgelehnt oder weitergeleitet wird.

Zur genaueren Prüfung wird der Vorschlag in die zuständigen **Ausschüsse** des Bundestages überwiesen (siehe Kapitel 3.5.1). Die Ausschußmitglieder haben sich für bestimmte Fachbereiche wie etwa Familienpolitik und Rechtswesen spezialisiert. Da in unserer komplizierten Lebenswelt nicht alle Abgeordneten mit allen Fachgebieten vertraut sein können, müssen stellvertretend für sie die Spezialisten in den Ausschüssen die Details der Gesetzentwürfe ausformulieren. Damit hierbei sachbezogen und ohne den Zwang, jedes Wort auf seine Wirkung in der Öffentlichkeit hin prüfen zu müssen, verhandelt werden kann, sind Ausschußsitzungen nichtöffentlich. Dies ist auch Voraussetzung dafür, daß bei den Ausschußsitzungen Vorstellungen der Opposition in die Gesetzesvorhaben eingehen. Gesetze sind somit oft Ergebnis eines Kompromisses.

Danach berät das Plenum in der **zweiten Lesung** Einzelfragen des Gesetzentwurfes, insbesondere die Änderungsvorschläge des Ausschusses.

In der **dritten Lesung** findet nach einer zusammenfassenden Diskussion die Schlußabstimmung über den Gesetzesvorschlag statt. Für einfache Gesetze reicht die Mehrheit der Stimmen der anwesenden Parlamentarier aus, bei verfassungsändernden Gesetzen sind die Stimmen von zwei Dritteln der Mitglieder des Bundestages erforderlich.

Das Gesetz wird anschließend dem Bundesrat zugeleitet.

Bei **Einspruchsgesetzen** (z. B. Gesetze über auswärtige Angelegenheiten und Verteidigung) kann ein möglicher Einspruch des Bundesrates vom Bundestag zurückgewiesen werden. Dazu ist die gleiche Mehrheit erforderlich, mit der auch der Einspruch beschlossen worden ist:

- einfache Mehrheit, d. h. Mehrheit der abgegebenen Stimmen,
- absolute Mehrheit, d. h. mehr als die Hälfte der Mitglieder, oder
- Zwei-Drittel-Mehrheit der Mitglieder.

Zustimmungsgesetze können nur in Kraft treten, wenn ihnen der Bundesrat zugestimmt hat. Es sind dies z. B. Gesetze, die die Verwaltung der Länder betreffen oder Ausgaben für die Länder festlegen, sowie Änderungen des Grundgesetzes.

Um im Fall der Ablehnung eines Zustimmungsgesetzes einen Kompromiß zu ermöglichen, wird der **Vermittlungsausschuß** tätig. Er kann auch bei Einspruchsgesetzen einberufen werden. Er besteht aus je 16 Vertretern des Bundestages und des Bundesrates. Soll der Vorschlag des Vermittlungsausschusses Gesetz werden, müssen ihm allerdings noch Bundestag und Bundesrat zustimmen.

Falls ein Gesetz zustande gekommen ist, wird es durch den Bundeskanzler und den zuständigen Bundesminister unterschrieben, vom Bundespräsidenten beurkundet (ausgefertigt) und im Bundesgesetzblatt verkündet. Ist in dem Gesetz kein Zeitpunkt genannt, so tritt es mit dem vierzehnten Tag nach der Veröffentlichung in Kraft.

In dem sehr komplizierten Gesetzgebungsverfahren spiegelt sich deutlich das Bemühen, Gesetze so zu erarbeiten, daß sie nicht nur Ergebnis einer Mehrheitsentscheidung sind, sondern daß in sie auch Auffassungen der Minderheit, der Opposition, im Sinne eines Kompromisses eingehen. Durch die vielfältigen Kontrollen soll außerdem eine einseitige Bevorzugung bestimmter Bevölkerungsgruppen weitestgehend vermieden werden. In der Praxis ergeben sich hier jedoch Schwierigkeiten, da etwa Vertreter mächtiger Verbände bereits im Entstehungsstadium, aber auch später, Einfluß auf das Gesetzesvorhaben nehmen, der nicht immer öffentlich erkennbar und damit kontrollierbar ist.

Das Gesetz – Ergebnis eines Kompromisses

(Zeichnungen: Birgit Rieger, in: Friedemann Bedürftig u. a., Das Politikbuch, Ravensburg 1994)

1. Wer darf Gesetzentwürfe in den Bundestag einbringen?
2. Warum gibt es verschiedene Lesungen eines Gesetzes im Bundestag?
3. Wie unterscheiden sich die verschiedenen Lesungen eines Gesetzes im Bundestag?
4. Erläutern Sie die Rechte des Bundesrates im Gesetzgebungsverfahren!
5. Wie ist der Vermittlungsausschuß zusammengesetzt und welche Aufgaben hat er?
6. Ab wann ist ein Gesetz gültig?
7. Wer nimmt von außerhalb des Parlaments und der Regierung auf Gesetze Einfluß?
8. Beurteilen Sie mit Hilfe des Schaubildes auf S. 80 die Chancen der einzelnen Entwürfe zur Änderung des § 218, als Gesetz verabschiedet zu werden! Bedenken Sie dabei, daß es sich bei der Neufassung des Paragraphen 218 um ein Zustimmungsgesetz handelt!

3.5.3 Bundesregierung und Verwaltung

Darum geht es:
Wer bestimmt die Mitglieder der Bundesregierung?
Wie arbeitet die Regierung?
Wozu ist noch die Verwaltung nötig?

M 1 Wer wird Minister?

Bonn, 16. November – Erfüllt von Genugtuung, voller Zufriedenheit nach einem weinseligen Abend mit Freunden und Mitarbeitern und nicht ganz unberührt vom historischen Moment seiner – wenn auch knappen – Wiederwahl, begab sich der Kanzler der Bundesrepublik Deutschland am Mittwochmorgen in einer Strickjacke an seinen Schreibtisch und griff zum weißen Telephon. Juliane Weber, die Dame aus dem Vorzimmer, stellte die Verbindung her, und sie tat es immer wieder, bis die lange Liste auf Kohls Schreibtisch abgearbeitet war.

Helmut Kohl begrub mit seinem telephonischen Rundumschlag politische Hoffnungen, er begründete neue Karrieren und erlöste so manches Kabinettsmitglied von zermürbender Ungewißheit. Der Kanzler ließ sich seine neuen Minister ans Telephon holen, die Staatssekretäre, und auch die, die am Dienstag endgültig aus dem Amt geschieden waren. Die Kabinettsliste war erst in den Stunden zuvor entstanden, und auch wenn Kohl seine Pläne schon länger mit sich herumgetragen haben sollte, dann ist es ihm in dieser, seiner vierten Amtsperiode zumindest gelungen, ein unbeschreibliches Maß an Vertraulichkeit zu wahren.

Im Thomas-Dehler-Haus, der Parteizentrale der F.D.P., blieben die Türen an diesem Tag geschlossen. Der Bundesvorstand und die Bundestagsfraktion stimmten darüber ab, wer in der künftigen Regierung die F.D.P. vertreten darf.

Um 14.30 Uhr öffneten sich die Eingangstüren zur F.D.P.-Zentrale. Die Fernsehleute stürzten sich auf Klaus Kinkel, der im Flur – natürlich – telephonierte. Werden das die Bilder vom Gespräch mit dem Bundeskanzler? Nein, Kinkel hatte schon zuvor zweimal mit Helmut Kohl gesprochen und ihm die Namen genannt, die er zwecks Ernennung dem Bundespräsidenten mitteilen möge.

nach: Udo Bergdoll und Stefan Kornelius, Süddeutsche Zeitung, 17. 11. 1994

M 2 Die Bundeskanzler der Bundesrepublik Deutschland

(von links nach rechts, obere Reihe:)
Konrad Adenauer (1949–1963),
Ludwig Erhard (1963–1966),
Kurt Georg Kiesinger (1966–1969);
(untere Reihe:)
Willy Brandt (1969–1974),
Helmut Schmidt (1974–1982),
Helmut Kohl (ab 1982)

Im Vertrag von Maastricht wurden die Rechte des Europäischen Parlaments erweitert. So kann es in mehr Bereichen zukünftig mitbestimmen. Es erhielt ferner das Recht, Untersuchungsausschüsse einzusetzen. Vor allem kann die Kommission erst nach Bestätigung durch das Parlament tätig werden.

M 3 Das neue Kabinett

Bundeskanzler:
Helmut Kohl (CDU)

Minister für besondere Aufgaben,
Chef des Kanzleramtes:
Friedrich Bohl (CDU)

Außenminister:
Klaus Kinkel (F.D.P.)

Innenminister:
Manfred Kanther (CDU)

Justizministerin:
Sabine Leutheusser-Schnarrenberger (F.D.P.)

Finanzminister:
Theo Waigel (CSU)

Wirtschaftsminister:
Günter Rexrodt (F.D.P.)

Minister für Ernährung, Landwirtschaft und Forsten:
Jochen Borchert (CDU)

Minister für Arbeit und Sozialordnung:
Norbert Blüm (CDU)

Verteidigungsminister:
Volker Rühe (CDU)

Ministerin für Familie, Senioren, Frauen und Jugend:
Claudia Nolte (CDU)

Gesundheitsminister:
Horst Seehofer (CSU)

Verkehrsminister:
Matthias Wissmann (CDU)

Umweltministerin:
Angela Merkel (CDU)

Postminister:
Wolfgang Bötsch (CSU)

Bauminister:
Klaus Töpfer (CDU)

Minister für Bildung, Wissenschaft, Forschung und Technologie:
Jürgen Rüttgers (CDU)

Minister für wirtschaftliche Zusammenarbeit und Entwicklung:
Carl-Dieter Spranger (CSU)

M 4 Ministerin im Amt eingeführt

Die neue Ministerin für Familie, Senioren, Frauen und Jugend, Claudia Nolte (CDU), versprach bei der Amtseinführung, sie wolle sich intensiv um Möglichkeiten kümmern, daß Frauen auf dem Arbeitsmarkt bessere Chancen bekommen. Auch Teilzeit-Beschäftigten müsse ein Aufstieg in Leitungsfunktionen ermöglicht werden. Außerdem müsse es einfacher werden, nach einer Erziehungspause wieder in das Erwerbsleben zurückzukehren.
Süddeutsche Zeitung, 19./20. 11. 94

1. Ermitteln Sie aus dem Grundgesetz die Bestimmungen für die Wahl des Bundeskanzlers!
2. Wer wählt die Bundesminister aus? (M 1)
3. Welche Pläne hat die neue Bundesministerin für Familie, Senioren, Frauen und Jugend? (M 4)
4. Mit wem muß die Ministerin Claudia Nolte ihre Vorhaben (M 4) abstimmen? Welche Probleme sehen Sie bei der Verwirklichung dieser Pläne?
5. Erarbeiten Sie aus dem Grundgesetz die Rechte und Aufgaben des Bundeskanzlers und der Bundesminister!

Bundesregierung und Verwaltung

Die Bundesregierung

Über die ausführende Gewalt (**Exekutive**) verfügt in der Bundesrepublik Deutschland die Bundesregierung. Zu ihr gehören der Bundeskanzler, die Bundesminister und die Parlamentarischen Staatssekretäre. Diese engen Mitarbeiter der Minister vertreten diese z. B. vor dem Parlament. Der Bundeskanzler hat das Recht, die Bundesminister und Parlamentarischen Staatssekretäre auszuwählen, die vom Bundespräsidenten ernannt werden. Selbstverständlich wird er sich dabei an die Absprachen mit dem Koalitionspartner halten.

Die Rollenverteilung zwischen dem Bundeskanzler, den Bundesministern und der Verwaltung wird in folgender Übersicht dargestellt:

Bundeskanzler

Kabinettsbildungsrecht

Der Bundeskanzler wählt die Bundesminister aus.

Richtlinienkompetenz

Der Bundeskanzler bestimmt die politischen Richtlinien der Bundesregierung. Er legt somit die umfassenden Ziele fest, die einen Rahmen für die Entscheidungen der Bundesminister abstecken.
So geht es bei dem Problem, ob die Ausgaben für Jugendpolitik erhöht werden sollen, um die Festlegung einer Richtlinie

Bundesminister
arbeiten nach

Ressortprinzip
[ressort (franz.): Bereich]

Welche Projekte im einzelnen zu fördern sind, entscheidet der jeweilige Minister, z.B. die Bundesministerin für Familie, Senioren, Frauen und Jugend im Bereich der Jugendpolitik.

Kollegialprinzip

Ein besonderes Konfliktlösungsverfahren ist für den Fall notwendig, daß zwei Bundesminister für eine Frage zuständig sind, sich aber nicht einigen können. So ist es z.B. möglich, daß die Frauenministerin und der Wirtschaftsminister über die Förderung eines bestimmten Projektes zur beruflichen Wiedereingliederung von Frauen nach einem Erziehungsurlaub verschiedener Meinung sind. In einem solchen Fall entscheidet das Kabinett als Kollegialorgan.

Verwaltung

Während die Bundesregierung politische Entscheidungen trifft, die häufig in Gesetzesvorschläge münden oder in Form von Rechtsverordnungen festgelegt werden, vollzieht die Verwaltung die vom Parlament erlassenen Gesetze und die Verordnungen und Dienstbefehle der Regierung.

Bundesregierung und Verwaltung

Die Zuständigkeit für die Verwaltung ist entsprechend den Grundsätzen des Föderalismus und der kommunalen Selbstverwaltung aufgeteilt auf Bundesländer und Gemeinden.

Aufgaben und Ebenen der Verwaltung

Regionale und funktionale Gliederung der Verwaltung

Gebiets-körper-schaften	Aufgabenbereiche		
	Ordnungsverwaltung	Leistungsverwaltung	Politische Verwaltung
	vollzieht Gesetze und kontrolliert Einhaltung der Vorschriften	erbringt technische oder personale Dienstleistungen	beobachtet, plant und bereitet politische Entscheidungen vor
Bund	Finanzverwaltung, Auswärtiger Dienst, Verteidigung ... Bundeskartellamt, Bundesrechnungshof ...	Post, Bahn[1] Bundesanstalt für Arbeit ...	Ministerien, Presse- und Informationsamt, Statist. Bundesamt ...
Land	Finanzverwaltung, Staatsanwaltschaft, Strafvollzug, Polizei ... Landesrechnungshof ...	Schul- und Hochschulwesen, Umweltschutz ... Landesarbeitsamt ...	Ministerien, Statist. Landesamt
Gemeinde	Finanzverwaltung, Gewerbepolizei ...	Gesundheitswesen, Fürsorge, Abfallbeseitigung, Bauwesen, Verkehrswesen, Brandschutz	

Bernhard Sutor (Hrsg.), Politik, Paderborn 1979, S. 235

[1]) Die Post wurde zum 1. 1. 1995 privatisiert, für die Bahn ist die Privatisierung bis zum Jahre 2002 vorgesehen.

1. Welche Staatsgewalt wird von der Bundesregierung verkörpert?
2. Wer gehört zur Bundesregierung?
3. Beschreiben Sie die Machtmöglichkeiten des Bundeskanzlers gegenüber den Bundesministern!
4. Über welche Macht verfügen die Bundesminister?
5. Welche Aufgaben erfüllt die Verwaltung?

3.5.4 Bundespräsident und Bundesverfassungsgericht

Darum geht es:
Hat unser Staatsoberhaupt überhaupt etwas zu sagen?
Wie beeinflußt das Bundesverfassungsgericht die Politik?
Welche Aufgaben hat dieses Gericht?

M 1 Bundespräsident Herzog überreicht dem Bundeskanzler die Ernennungsurkunde und auf Staatsbesuch in Israel

M 2 Aus der Antrittsrede des Bundespräsidenten Roman Herzog

Zu den Aufgaben des Bundespräsidenten
... In Stunden wie dieser wendet sich der Blick fast automatisch zurück, vor allem auf die Gestalten der bisherigen Bundespräsidenten, die alle, jeder auf seine Weise, unserem Staat in eindrucksvoller Weise gedient haben: Theodor Heuss, Heinrich Lübke, Gustav Heinemann, Walter Scheel, Karl Carstens, Richard von Weizsäcker.
Ihnen aber, verehrter Herr von Weizsäcker, gilt mein ganz besonderer Dank und mein Respekt ...
Sie haben zunächst die alte Bundesrepublik und sodann das wiedervereinigte Deutschland in der Welt so repräsentiert, wie es heute ist und wie es repräsentiert zu werden verdient. Sie haben den Deutschen in Ost und West Weg und Richtung gewiesen, sind Vorbild für viele gewesen und sind nicht müde geworden, dort, wo es Ihnen nötig erschien, zu mahnen und gelegentlich auch deutliche Kritik zu üben ...
Zu rechtsextremer Gewalt
Es ist historische Wahrheit, daß in den unseligen zwölf Jahren vom deutschen Boden ein Angriffskrieg ausgegangen ist, der die Welt in Brand gesetzt hat, daß Millionen von Juden und Hunderttausende aus anderen Minderheiten ermordet worden sind, daß es KZs und Vernichtungslager gegeben hat, so wie es historische Wahrheit ist, daß unter den Folgen dieses verbrecherischen Systems auch unzählige Deutsche gelitten haben.
Aber das kann man von uns verlangen: daß wir aus der Geschichte des Volkes, in das wir hineingeboren sind, lernen, daß wir uns engagiert damit auseinandersetzen und daß wir mit vollem Einsatz dagegen antreten, wenn sich in unserem Land wieder totalitäre und menschenverächterische Tendenzen zeigen ...
In diesem Zusammenhang will ich gleich ein paar Worte zu den kriminellen Taten sagen, unter denen gegenwärtig die in Deutschland lebenden Ausländer zu leiden haben ... Hier sind auch Polizei und Strafgerichte gefordert. Wer es selbst nicht weiß, daß man lebendige Menschen nicht in Brand steckt, daß man sie nicht zusammenschlägt oder durch Städte jagt, dem muß das eben auch mit den Machtmitteln des Rechtsstaates klargemacht werden! ...

nach: Süddeutsche Zeitung, 2./3. 7. 1994, S. 5

M 3 Urteilsverkündung des Bundesverfassungsgerichts

M 4 Das Bundesverfassungsgericht zur „Auschwitz-Lüge": Strafbar und unwahr

Die Genehmigung zu einer Versammlung wurde der NPD unter der Auflage erteilt, daß dabei die Judenverfolgung in der Zeit des Nationalsozialismus (1933–45) nicht abgestritten würde. Die NPD klagte dagegen vor Gericht mit dem Hinweis auf das Recht der freien Meinungsäußerung (Art. 5 GG). Das Bundesverfassungsgericht wies die Klage zurück. Auszüge aus der Begründung:
Die Auflage, dafür zu sorgen, daß in der Versammlung die Verfolgung der Juden im Dritten Reich nicht geleugnet oder bezweifelt wird, ist mit diesem Grundrecht (Artikel 5 GG) vereinbar.
Bei der untersagten Äußerung, daß es im Dritten Reich keine Judenverfolgung gegeben habe, handelt es sich um eine Behauptung, die nach ungezählten Augenzeugenberichten und Dokumenten, den Feststellungen der Gerichte in zahlreichen Strafverfahren und den Erkenntnissen der Geschichtswissenschaft erwiesen unwahr ist. Für sich genommen genießt eine Behauptung dieses Inhalts daher nicht den Schutz der Meinungsfreiheit.
Aufgrund des Schicksals, dem die jüdische Bevölkerung unter der Herrschaft des Nationalsozialismus ausgesetzt war, wird die Leugnung der Judenverfolgung als eine dieser Gruppe zugefügte Beleidigung beurteilt.

nach: Süddeutsche Zeitung, 27. 4. 1994, S. 7

1. Welche Aufgaben des Bundespräsidenten werden in M 1 erkennbar?
2. Nennen Sie die Aufgaben des Bundespräsidenten, die Roman Herzog in seiner Antrittsrede anspricht! (M 2)
3. Welche dieser Aufgaben versucht er durch diese Rede gleichzeitig zu erfüllen? (M 2)
4. Schlagen Sie im Grundgesetz weitere Aufgaben des Bundespräsidenten nach! (Art. 59, 60, 63, 64, 67, 68, 81, 82 GG.)
5. Welcher Sachverhalt wurde in dem Urteil des Bundesverfassungsgerichtes überprüft? (M 3)
6. Zu welchen Ergebnissen kam das Bundesverfassungsgericht? (M 3)

Bundespräsident

Bundespräsident

Der Bundespräsident ist das **Staatsoberhaupt** der Bundesrepublik Deutschland. Er wird von der **Bundesversammlung** gewählt. Sie besteht aus den Mitgliedern des Bundestages und einer gleichen Anzahl von Personen, die von den Länderparlamenten zu wählen sind. Er muß bei der Wahl mindestens 40 Jahre alt sein und wird für fünf Jahre gewählt. Eine Wiederwahl ist nur einmal zulässig.

Der Bundespräsident vertritt unseren Staat z. B. bei Staatsbesuchen, aber auch bei wichtigen Festakten, bei denen er oft Grundsatzreden hält. Seine Aufgaben sind somit vor allem repräsentativer Art. Daneben sieht das Grundgesetz noch eine Reihe anderer Tätigkeiten des Bundespräsidenten vor:

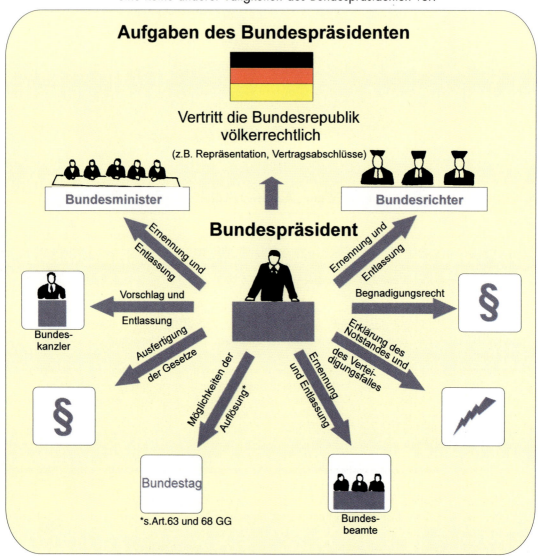

Die verhältnismäßig geringe direkte politische Macht des Bundespräsidenten ist Konsequenz der schlechten Erfahrungen, die in der Weimarer Republik mit der allzu großen Macht des Reichspräsidenten gemacht wurden. Sie trug zur Schwäche der Regierung und des Parlaments bei.

Bundespräsident und Bundesverfassungsgericht

Das Bundesverfassungsgericht ist das **oberste Gericht** der Bundesrepublik Deutschland. Seine Richter werden je zur Hälfte vom Bundestag (Wahlmännerausschuß) und Bundesrat gewählt, wobei Zweidrittelmehrheit erforderlich ist. Damit soll verhindert werden, daß nur Kandidaten einer Partei in dieses Amt gelangen. Die Amtsperiode umfaßt zwölf Jahre. Die Wiederwahl ist ausgeschlossen, um zu verhindern, daß Richter ihr Amt nicht unabhängig ausüben.

Bundesverfassungsgericht

Das Bundesverfassungsgericht entscheidet z. B., wenn sich ein einzelner bei ihm beschwert, er werde durch die öffentliche Gewalt in seinen Grundrechten verletzt (Verfassungsbeschwerde, Art. 93 GG; siehe Kap. 4.1). So bekam von diesem Gericht ein Bürger recht, der gegen die Beschlagnahme seiner Karteikarte bei seinem Arzt durch die Polizei als gerichtliches Beweismittel geklagt hatte. Der Bürger hatte argumentiert, daß dadurch das ihm zustehende Grundrecht auf Achtung seines privaten Bereichs verletzt werde.

Außerdem überprüft das Bundesverfassungsgericht die Vereinbarkeit von Bundesrecht und Landesrecht mit dem Grundgesetz (Normenkontrolle). So verwarf es 1993 die Neuregelung des Abtreibungsparagraphen als teilweise verfassungswidrig. Es befindet auch über Verbote verfassungswidriger Parteien. 1952 wurde die Sozialistische Reichspartei (SRP) und 1956 die Kommunistische Partei Deutschlands (KPD) als verfassungswidrig verboten.

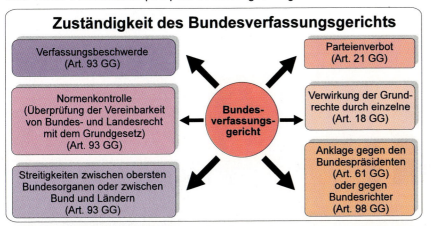

Umstritten ist in der gegenwärtigen politischen Diskussion, ob das Bundesverfassungsgericht durch seine Urteile zu politisch kontroversen Fragen wie zur Neuregelung des Abtreibungsrechts selbst weitgehend politische Entscheidungen fällt, die anderen Verfassungsorganen zustehen.

1. Wer wählt den Bundespräsidenten?
2. Versuchen Sie zu erklären, warum der Bundespräsident nicht nur vom Bundestag gewählt wird!
3. Welche Aufgaben hat der Bundespräsident?
4. Beurteilen Sie die Einflußmöglichkeiten des Bundespräsidenten!
5. Welche Regelungen gibt es für die Wahl der Richter des Bundesverfassungsgerichts?
6. In welchen Fällen entscheidet das Bundesverfassungsgericht?
7. Überlegen Sie, warum das Bundesverfassungsgericht für den Rechtsstaat, in dem Grundrechte eine zentrale Rolle spielen, besonders wichtig ist?

3.6.1 Der europäische Einigungsprozeß

Darum geht es:
Brauchen wir ein vereintes Europa, oder geht es auch ohne Gemeinschaft?
Was erwarten Sie von Europa?
Wie soll es mit der Einigung denn in Zukunft weitergehen?

M 1 Wir erleben Europa

In der EU gibt es große Gegensätze zwischen armen und reichen Regionen. Die benachteiligten Gebiete werden besonders gefördert, in Spanien z. B. Lanzarote (s. r.), in Deutschland die neuen Bundesländer.

Heute kaum noch zu sehen: Stop und Stau an den Binnengrenzen der EU, dafür nimmt aber der Schwerverkehr zwischen den Ländern zu.

Einheitliche technische Normen bedeuten für die Wirtschaft größere Absatzmärkte, für den Verbraucher größere Auswahl.

Der Europapaß ist für Bürger das Symbol der europäischen Bürgerschaft.

Spezialitäten aus Italien, England oder Griechenland gibt es dank des Gemeinsamen Marktes überall zu kaufen.

Ohne länderübergreifende Zusammenarbeit sind technische Großentwicklungen wie im Flugzeugbau oder in der Raumfahrt heute in Europa nicht mehr möglich. An der Fertigung des Airbus sind Frankreich, Deutschland, Großbritannien, Belgien, Spanien und die Niederlande beteiligt.

Um die Jahrtausendwende soll sie Wirklichkeit werden: eine Währung für Europa als sichtbares Zeichen des Zusammenwachsens der EU-Länder. Nicht überall stößt dieses Vorhaben auf ungeteilte Zustimmung.

M 2 Das Europa der Zukunft

Noch vor Ende dieses Jahrtausends wird Europa sich in einer erstaunlichen Weise verändert haben. 65 Millionen Schüler und Studenten leben heute in der Europäischen Union, sie werden die erste Generation in Europa sein, die von jung an einen großen, grenzfreien Binnenmarkt in Europa kennenlernen wird und seine Vorteile nutzen kann. Aber es wird sich noch mehr ändern in Europa, diesem alten Kontinent, der wieder so lebendig geworden ist:

Modell 1
Europa nach dem Jahr 2000 kann grenzenlos sein zwischen Warschau und Lissabon, zwischen Dublin und Budapest, zwischen Palermo und Uppsala. Es kann grenzenlose Möglichkeiten bieten für Reisen oder Studium, für Ausbildung und Beruf, für Urlaub und Alter. Europa kann . . . ein Kontinent des Friedens und des Wohlstands sein, blühend in Wirtschaft, Landschaft und Kultur. Es kann das Modell sein für gedeihliches Miteinander der Regionen und Staaten, der Völker und Sprachen, der Traditionen und Religionen – ein friedliches Miteinander, das nur zwei Voraussetzungen hat: Demokratie und Freiheit.

Modell 2
Es kann aber auch ganz anders aussehen, das Europa nach 2000: Wieder zerstritten und zersplittert, uneins im Wollen, unfähig zur Bewältigung seiner Probleme und erst recht nicht zur Hilfe bei Problemen anderswo in der Welt, ein Herd dauernder Unruhe, ein Kontinent ohne Zukunft.

nach: Claus D. Grupp, Europa 2000, 1991, S. 3

M3 Erweiterung oder Vertiefung

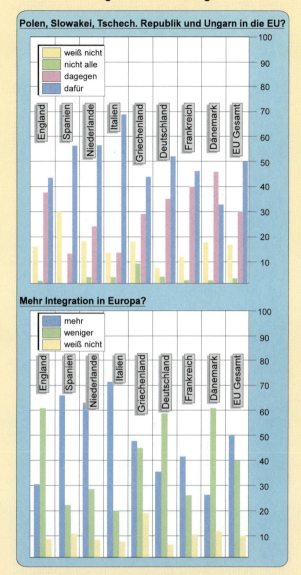

Süddeutsche Zeitung, 3. 6. 1994, S. 10

1. Erarbeiten Sie in Partnerarbeit aus den Bildern Vorteile, die der einzelne Bürger von der europäischen Einigung hat! (M 1)
2. Welche Probleme, die es in dem vereinten Europa gibt, sind in M 1 zu erkennen?
3. Überlegen Sie, was Modell 1 für den einzelnen Bürger bedeuten würde! (M 2)
4. Welche Auswirkungen hätte Modell 2 für den einzelnen? (M 2)
5. Welches der beiden Zukunftsmodelle halten Sie für das wahrscheinlichere? Warum? (M 2)
6. Wie ist die Meinung der Bürger der Europäischen Union (EU) zur Frage der Aufnahme Polens, Ungarns, der Slowakei und der Tschechischen Republik in die EU? (M 3) Welche Position vertreten Sie?
7. Wünschen die Bürger eine weitergehende Einigung, d. h. mehr Integration in der EU? (M 3)

Chronik der Einigung

Viele einzelne Schritte waren notwendig, um die europäische Einigung auf den heute erreichten Stand zu bringen.

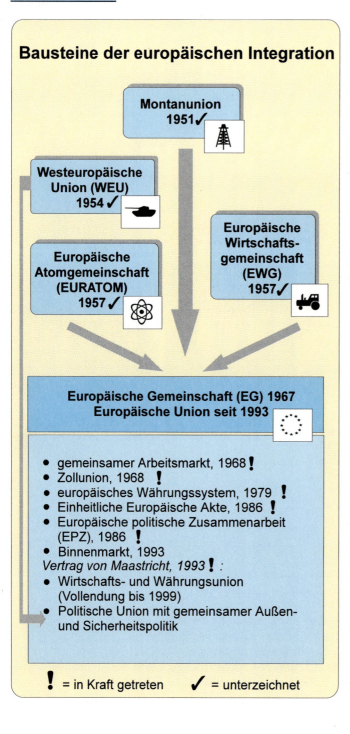

Was ist das?

Montanunion

Die Bundesrepublik Deutschland, Frankreich, Italien, Belgien, die Niederlande und Luxemburg unterstellten ihre Grundstoffindustrien Kohle und Stahl einer gemeinsamen Einrichtung dieser Länder, der Montanunion. Ziele waren u. a. die Schaffung eines gemeinsamen Marktes bei Ausschaltung von Zöllen und die Verbesserung des allgemeinen Lebensstandards durch Erweiterung der Produktion.

Westeuropäische Union

Sie dient der Abstimmung der verteidigungspolitischen Anstrengungen der westeuropäischen Staaten.

Europäische Wirtschaftsgemeinschaft (EWG)

Hiermit wurde die gemeinsame Politik von dem Bereich Kohle und Stahl auf alle Bereiche der Wirtschaft ausgedehnt.

Europäisches Währungssystem

Mit der Währungseinheit ECU wurde ein fester Wechselkurs aller EG-Währungen untereinander möglich.

Einheitliche Europäische Akte

In ihr wurde eine erste umfassende Reform der Gründungsverträge der EG vereinbart und die **Europäische Politische Zusammenarbeit (EPZ)** vertraglich geregelt, durch die eine gemeinschaftliche Außenpolitik verwirklicht werden soll.

Binnenmarkt

Er sieht den freien Verkehr von Personen, Waren, Dienstleistungen und Kapital vor. Es besteht somit ein gemeinsamer Markt ohne Schranken zwischen den EU-Staaten.

Der europäische Einigungsprozeß

Grenzüberschreitende Geschäfte in einem Binnenmarkt werden durch gleiche oder ähnliche Wirtschaftsbedingungen und durch eine einheitliche Währung wesentlich erleichtert. Notwendige Konsequenz des Binnenmarktes ist deshalb die künftige **Wirtschafts- und Währungsunion.** 1999 soll sie nach dem Vertrag von Maastricht (1992) Wirklichkeit werden. Von diesem Zeitpunkt an muß die Wirtschaftspolitik aller Mitgliedsstaaten aufeinander abgestimmt werden. Außerdem soll eine einheitliche Währung eingeführt werden, und eine unabhängige Zentralbank wird über die Geldwertstabilität wachen.

> **Der Vertrag von Maastricht**

In Maastricht wurde außerdem eine **gemeinsame Außen- und Sicherheitspolitik** vereinbart, die auch eine militärische Rolle für die Gemeinschaft vorsieht. Nach diesem Vertrag werden die Kompetenzen der EU auch auf die Bereiche Umwelt, Bildung, Gesundheit und Verbraucherschutz ausgedehnt werden.

Daß die Idee einer europäischen Einigung durch die Zeiten hindurch Anziehungskraft bewahrt hat, gleichzeitig aber auch für die Mitgliedsländer handfeste Vorteile verspricht, belegt die ständige Erweiterung der Gemeinschaft durch immer neue Beitritte.

Land	Jahr	Einwohner, in Mio.	Wirtschaftsleistung pro Kopf, in Tsd.	gesamt, in Mrd.
Großbritannien	1973[2]	58,8	26,4	1534
Irland	1973	3,6	20,6	74
Schweden	1995	8,7	35,3	307
Finnland	1995	5,0	27,0	135
Niederlande[1]	1957	15,3	33,5	512
Dänemark	1973	5,2	43,1	224
Belgien[1]	1957	10,1	34,0	343
Deutschland[1]	1957	81,1	38,3	3108
Luxemburg[1]	1957	0,4	42,5	17
Österreich	1995	7,8	38,5	300
Frankreich[1]	1957	57,7	36,0	2075
Portugal	1986	9,4	13,2	124
Spanien	1986	39,1	20,4	799
Italien[1]	1957	58,0	28,5	1654
Griechenland	1981	10,4	11,8	123

Die Europäische Union — Angaben für 1993

[1] Gründungsmitglieder
[2] Beitrittsjahr

1. Nennen Sie die wichtigsten Schritte des europäischen Einigungsprozesses!
2. Worin unterscheiden sich die Montanunion und die Europäische Wirtschaftsgemeinschaft (EWG)?
3. Welche Aufgabe hat die Westeuropäische Union (WEU)?
4. Aus welchen Gemeinschaften entstand die Europäische Gemeinschaft?
5. Welche Veränderungen brachte die Schaffung des Binnenmarktes?
6. Fordern Sie Informationen zu Fragen der europäischen Integration an, die für Sie interessant sind, und referieren Sie darüber in der Klasse! Adresse: Amt für amtl. Veröffentlichungen der Europ. Gemeinschaften, L-2985 Luxembourg

3.6.2 Die Organe der Europäischen Union

Darum geht es:
Wer managt die Europäische Union (EU)?
Hat die EU überhaupt etwas zu bestimmen?

M 1 So funktioniert die EU

M 2 Neuer Kommission droht Ablehnung durch EU-Parlament

Brüssel, 12. Januar. Das Europäische Parlament wird die neue Europäische Kommission in Brüssel möglicherweise nicht anerkennen. Die Straßburger Abgeordneten, die die Mitglieder der europäischen Exekutive[1] nach den Bestimmungen des EU-Vertrags von Maastricht erstmals eine Woche lang systematisch angehört und über ihre zukünftige Arbeit befragt haben, sind über einige Kommissare derart verärgert, daß der Ausgang der für den kommenden Mittwoch angesetzten Abstimmung im Parlament ungewiß erscheint. Das Parlament kann die Kommission allerdings nur in ihrer Gesamtheit ablehnen.

Noch nie zuvor hat ein Europäisches Parlament der Kommission solche Schwierigkeiten bereitet. Die Europa-Abgeordneten nutzen ihre – ohnehin bescheidenen – Kompetenzen voll aus und demonstrieren, daß sie die Brüsseler Behörde als „ihr" ausführendes Organ betrachten, das letztlich ihren Vorstellungen und Maßstäben zu entsprechen habe.
Ihre Drohung, die gesamte Kommission nunmehr abzulehnen, so daß sie ihr Amt nicht antreten könnte, war bisher nicht einmal vorstellbar, geschweige denn je eine reale Gefahr.
In den Anhörungen hatten der spanische Kandidat Marcelino Oreja Aguirre, das irische Altmitglied Padraig Flynn, der Finne Ekki Liikanen sowie die beiden Kandidatinnen aus Dänemark und Schweden, Ritt Bjerregaard und Anita Gradin, einen schlechten Eindruck hinterlassen. Bjerregaard habe auf so gut wie keine Frage antworten können, urteilten die Parlamentarier einhellig. Liikanen habe sich verhalten, als müsse er gegenüber dem Parlament Geheimhaltung üben. Flynn zeige kein Engagement für die Gleichberechtigung der Frau, obwohl er sich um dieses Thema kümmern müsse.

nach: Winfried Münster, Süddeutsche Zeitung, 13. 1. 1995

[1] Exekutive: ausführende Gewalt im Staat

M 3 Krise in der Europäischen Union vermieden – Europäisches Parlament bestätigt neue EU-Kommission

Nach den zum Teil leidenschaftlich geführten Debatten über die Eignung der Kandidaten nahmen von den 626 Abgeordneten 578 an der Abstimmung teil, davon stimmten 416 für die neue Kommission, 103 gegen sie. 59 Parlamentarier enthielten sich der Stimme.

Der Präsident des Europäischen Parlaments, Hänsch, erklärte die deutliche Mehrheit mit den „Erläuterungen", die Santer dem EU-Parlament am Dienstag gegeben habe. Der neue Kommissionspräsident hatte dabei begrenzte Zugeständnisse hinsichtlich der Aufgabenverteilung in der obersten EU-Behörde gemacht. Es sei bei der Abstimmung nicht um eine „Kraftprobe" zwischen Parlament und Kommission gegangen, sagte Hänsch: „Das ausgesprochene Vertrauen ist ein Vorschuß, den die Kommissare nicht leichtfertig verspielen dürfen."

nach: Süddeutsche Zeitung, 19. 1. 1995

M 4 Das Hochzeitsbild des Jahres

1. Um welchen Konflikt geht es in M 2?
2. Über welche Rechte verfügen das Europäische Parlament und die Kommission? (M 1 und 2)
3. Wie endete die Auseinandersetzung? Was hat das Europäische Parlament erreicht? (M 3)
4. Nehmen Sie zu dem Ende der Auseinandersetzung Stellung! (M 2 und 3)
5. Beschreiben Sie die Karikatur! (M 4)
6. Diskutieren Sie, ob die Kritik des Karikaturisten berechtigt ist! (M 4)

Die Organe der Europäischen Union

Der Ministerrat – die oberste Entscheidungsinstanz

Oberstes Entscheidungsorgan der Europäischen Union ist der **Rat der Europäischen Union** (Ministerrat). Der Rat verabschiedet Verordnungen (Gesetze der EU), Richtlinien (Weisungen an alle Einzelstaaten, ihre nationalen Gesetze im Sinne der Richtlinien zu ändern) und Entscheidungen (Rechtsakte für den Einzelfall). Über alle allgemeinen Fragen entscheiden die Außenminister, über spezielle Probleme die zuständigen Fachminister, z. B. der Rat der Agrarminister über die jährliche Festlegung der Agrarpreise.

Seit 1986 sind Mehrheitsentscheidungen zum Regelfall geworden: Die 15 Mitglieder sind dabei an die Aufträge ihrer nationalen Regierungen gebunden.

Die Europäische Kommission – die Exekutive der EU

Die 20 Mitglieder der **Europäischen Kommission** werden von den Regierungen der EU-Staaten auf vier Jahre entsandt und vom EU-Parlament bestätigt. Sie sind von nationalen Weisungen unabhängig. Die Kommission in Brüssel führt die Gesetze aus, sie ist also die Exekutive der EU. Die Kommission sammelt die Haushaltsvorschläge und übermittelt diese mit einer Stellungnahme an Parlament und Ministerrat, die den Haushaltsplan der EU beschließen.

Der Europäische Rat – Versammlung der Staats- und Regierungschefs

Um die politische Zusammenarbeit zwischen den nationalen Regierungen, dem Ministerrat und der Kommission zu verbessern, treffen sich seit 1974 die Staats- und Regierungschefs der EU-Staaten und der Präsident der EU-Kommission mindestens dreimal jährlich; diese Gipfeltreffen werden als **Europäischer Rat** bezeichnet.

Der Wirtschafts- und Sozialausschuß und der Ausschuß der Regionen

Bei den Gesetzgebungsverfahren werden Ministerrat und Kommission vom Wirtschafts- und Sozialausschuß und vom Ausschuß der Regionen unterstützt. Der **Wirtschafts- und Sozialausschuß** setzt sich aus Vertretern von Interessengruppen des wirtschaftlichen und sozialen Lebens zusammen. Sie sollen im Stadium des Gesetzentwurfs ihr Fachwissen einbringen und ihre Meinung äußern. Mit dem Maastrichter Vertrag wurde der **Ausschuß der Regionen** errichtet. Seine Mitglieder vertreten die regionalen und lokalen Gebietskörperschaften. Er muß vor der Verabschiedung von Entscheidungen, die regionale Belange betreffen, gehört werden.

Der Europäische Gerichtshof – Judikative der EU

Der **Europäische Gerichtshof** (EuGH) sorgt für die Einhaltung des EU-Rechts. Im Frühjahr 1986 entschied der EuGH beispielsweise, daß in der Bundesrepublik auch Bier verkauft werden darf, das nicht nach dem deutschen Reinheitsgebot von 1516 gebraut ist. Die Kommission der EU hatte die deutsche Bundesregierung verklagt, weil ihrer Ansicht nach das auch für Import-Bier geltende Reinheitsgebot ein „verschleiertes Handelshemmnis und eine willkürliche Diskriminierung" sei und deswegen gegen den EG-Vertrag verstoße.

Das Europäische Parlament

Das **Europäische Parlament** in Straßburg wird seit 1979 von den Bürgern der EU direkt gewählt.

Von den klassischen Rechten der Legislative (siehe Kapitel 3.5.1) besitzt das Europäische Parlament bislang bestimmte Kontrollrechte gegenüber der Kommission und dem Ministerrat, seit 1975 das wichtige Recht, den Haushaltsplan der Europäischen Union zu beschließen. Die Mitwirkungsrechte bei der Gesetzgebung konnte es zielstrebig ausbauen. Die EU-Kommission hat noch das alleinige Recht der Gesetzesinitiative. Allerdings können auch die Mitgliedsstaaten oder das Europäische Parlament die Kommission auffordern, Vorschläge zu unterbreiten.

Im Vertrag von Maastricht wurden die Rechte des Europäischen Parlaments erweitert. So kann es in mehr Bereichen zukünftig mitbestimmen. Es erhielt ferner das Recht, Untersuchungsausschüsse einzusetzen. Vor allem kann die Kommission erst nach Bestätigung durch das Parlament tätig werden.

1. Nennen Sie die Rechte, über die der Ministerrat der EU, die Europäische Kommission und das Europäische Parlament verfügen!
2. Welches Organ der EU hat am meisten Macht? Begründen Sie Ihre Meinung!
3. Was versteht man unter dem Begriff *Europäischer Rat*?
4. Welche Mitglieder von Organen der EU sind an Weisungen der nationalen Regierung gebunden, welche nicht? Welche Bedeutung hat dies Ihrer Meinung nach?

3.6.3 Die NATO

Darum geht es:
Was ist die NATO?
Wozu brauchen wir die NATO denn noch?
Wer bestimmt in der NATO?

M 1 „Fröhliches Begräbnis"

Karikatur: Horst Haitzinger, Cartoon-Caricature-Contor

M 2 Aus Feinden werden Freunde

Das ... wesentliche Ergebnis unserer Beratungen ist die Einladung der NATO an die jungen Demokratien Mittel-, Ost- und Südosteuropas sowie die Nachfolgestaaten der Sowjetunion, mit uns im Rahmen der „Partnerschaft für den Frieden" noch enger politisch und militärisch zusammenzuarbeiten.

Gleichzeitig geht von diesem Treffen in Brüssel das Signal aus: Die NATO ist für neue Mitglieder offen. Wir wollen die ehemals kommunistischen Staaten Mittel- und Osteuropas schrittweise an die NATO heranführen, bis hin zur Mitgliedschaft – selbstverständlich nur dann, wenn diese Staaten dies wollen.

Dieser neue Ansatz ist das historisch beispiellose Angebot, ein Militärbündnis für umfassende Zusammenarbeit und Partnerschaft mit früheren Gegnern zu öffnen. Alle Staaten, die diese Partnerschaft annehmen, werden sich an gemeinsamen militärischen Planungen und Übungen beteiligen können. Dazu gehören auch gemeinsame Ausbildung und Teilnahme an internationalen Friedensmissionen. Damit will die NATO zugleich zum Aufbau von Streitkräften beitragen, die auf die Demokratie verpflichtet und deren innere Strukturen mit denen in unseren Streitkräften vergleichbar sind.

Die Nordatlantische Gemeinschaft steht angesichts der Beitrittswünsche einiger unserer östlichen Nachbarn vor schwierigen Fragen.

Nach dem Wegfall des Eisernen Vorhangs haben wir diese Länder ermutigt, Demokratie, Rechtsstaat und Marktwirtschaft nach westlichem Vorbild einzuführen. Deshalb ist ihr Wunsch, sich den großen Institutionen des Westens anzuschließen, nur zu verstehen.

Zugleich gibt es in Rußland vor allem historisch gewachsene Befürchtungen vor Isolierung und Einkreisung. Auch diese Sorge müssen wir, auch und vor allem wir Deutschen, ernst nehmen. Deshalb strebt die NATO mit Rußland und auch der Ukraine eine umfassende und vertiefte Zusammenarbeit auf sicherheitspolitischem und militärischem Gebiet an.

Helmut Kohl, Erklärung der Bundesregierung zum NATO-Gipfel in Brüssel vom 10./11. 1. 1994

M 3 Partner für den Frieden

M 4 Minister Rühe verteidigt NATO-Erweiterung

Bundesverteidigungsminister Volker Rühe hat die Öffnung der NATO nach Osten gegen russische Kritik verteidigt. „Bei der Aufnahme neuer Mitglieder in die Europäische Union und bei der Öffnung der Allianz nach Osten geht es nicht um eine Expansions-Strategie", sagte Rühe. Er wandte sich gegen die Kritik des russischen Außenministers Andrej Kosyrew und gegen Äußerungen, die NATO sollte aufgelöst werden, weil sie sich überlebt habe. „Es geht darum, dem freien Willen freier Völker zu entsprechen" und „die unnatürliche Teilung Europas aufzuheben". Inzwischen beginne sich aber auch in Moskau die Erkenntnis durchzusetzen, daß ein „Europa der Freiheit, Marktwirtschaft und Stabilität" niemanden bedrohe, erklärte Rühe.

nach: Süddeutsche Zeitung, 22. 3. 1995

1. Erläutern Sie die Karikatur M 1!
2. Welche Angebote macht die NATO? (M 2)
3. Wie reagieren die Staaten des ehemaligen Ostblocks? (M 2, M 4)
4. Diskutieren Sie die in M 4 geäußerte Meinung, „die NATO sollte aufgelöst werden, weil sie sich überlebt habe"!

Die NATO

Gegenüber dem Machtanspruch, den die Sowjetunion nach dem Zweiten Weltkrieg in Ostmitteleuropa mit Härte durchsetzte, verfolgten amerikanische Politiker eine Politik der Eindämmung des Kommunismus. Gegenseitiges Mißtrauen führte zu zunehmenden Spannungen, zu einer Abgrenzung der Einflußbereiche und letztendlich zum Ost-West-Konflikt, der die gesamte Staatenwelt in zwei Lager teilte. Es entstanden mächtige Militärbündnisse, der Warschauer Pakt im Osten, die **NATO** (North Atlantic Treaty Organization, Nortatlantische Verteidigungsgemeinschaft; gegr. 1949) im Westen.

Organisation der NATO

Die NATO ist ein Bündnis, das nicht nur mit militärischen, sondern vor allem auch mit politischen und diplomatischen Mitteln (Verhandlungen, Konferenzen, Abkommen etc.) die Sicherheit der Mitgliedstaaten und des Bündnisgebiets gewährleisten will. Die Organisation der NATO wird bestimmt durch den **Vorrang der politischen Führung**.

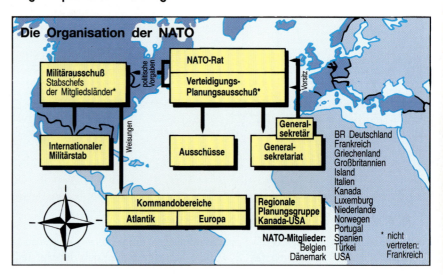

Das oberste Organ des Bündnisses ist der **NATO-Rat,** für dessen Entscheidungen Einstimmigkeit erforderlich ist. Mindestens einmal in der Woche kommt er auf der Botschafterebene zusammen. Darüber hinaus tagt er mehrfach im Jahr auf der Ebene der Regierungschefs bzw. Minister.

Der Generalsekretär
Er hat den Vorsitz im NATO-Rat inne.

Der Militärausschuß
Dem NATO-Rat untergeordnet ist der Militärausschuß, die höchste militärische Instanz des Bündnisses. In ihm sitzen die Generalstabschefs der Mitgliedstaaten. Er berät den NATO-Rat, nimmt Weisungen von ihm entgegen und gibt Befehle an die Kommandobehörden.

Ende des Ost-West-Konfliktes – Ende der NATO?

Durch die tiefgreifenden Veränderungen in den Staaten des früheren Ostblocks seit dem Ende der 80er Jahre (z. B. Auflösung des Warschauer Paktes) hat sich die Sicherheitslage in Europa grundlegend gewandelt. Friede in Europa schien nunmehr manchen auch ohne das NATO-Bündnis, ohne die Bereitstellung immenser Waffenarsenale und ohne große Rüstungsanstrengungen möglich zu sein.

Die NATO

Doch haben uns mittlerweile zahlreiche kriegerische Konflikte z. B. in Jugoslawien gezeigt, daß unsere Welt wohl kaum ohne Bündnisse zur Friedenssicherung und zur Verteidigung auskommt.
Die NATO-Staaten haben deshalb versucht, die Ziele der NATO der neuen Situation anzupassen.

Verteidigungsbündnis (bis 1989)	Neue Form eines Bündnisses (ab 1990)
Ziel war die Verhütung von Krieg zwischen Ost und West durch Abschreckung und Aufrechterhalten einer dafür nötigen militärischen Stärke. Im Falle eines bewaffneten Angriffes sollten die verbündeten Armeen das NATO-Gebiet verteidigen.	Ziele sind sowohl die Verteidigung des eigenen Territoriums als auch Aufgaben außerhalb dieses Gebietes („out of area") zur Schaffung und Erhaltung von Frieden (vor allem auf Ersuchen und im Dienste der UNO; siehe Kapitel 3.5.4). Wichtigstes Ziel wird künftig die aktive Gestaltung des Friedens sein, die Mitarbeit am Aufbau einer Sicherheits- und Friedensordnung für ganz Europa.

Für gemeinsame Beratungen oder Planungen mit den ehemaligen Staaten des Warschauer Paktes hat die NATO den **NATO-Kooperationsrat** gegründet. Eine noch weiter gehende Zusammenarbeit ermöglicht die **Partnerschaft für den Frieden.** Diese Form der Anbindung wurde gewählt, da sich Rußland gegen einen NATO-Beitritt seiner ehemaligen Verbündeten noch heftig wehrt.

Neue Partner der NATO

Als die Bundeswehr 1955 gegründet wurde, wurden ihre Aufgaben in Art. 87a GG genau festgelegt. Danach dürfen Streitkräfte lediglich zur **Verteidigung** aufgestellt und nur eingesetzt werden, soweit es das Grundgesetz zuläßt. Zur „Wahrung des Friedens" kann die Bundesrepublik einem Bündnissystem beitreten (Art. 24). Ausdrücklich verboten werden in Art. 26 Angriffskriege.
Erst 1994 hat das Bundesverfassungsgericht in seiner Auslegung des Grundgesetzes grünes Licht für Bundeswehreinsätze außerhalb des NATO-Gebietes gegeben, unter der Voraussetzung, daß der Bundestag zustimmt. Somit ist die Beteiligung der Bundeswehr an **friedensichernden** oder auch **friedenschaffenden** Einsätzen überall auf der Welt denkbar geworden.

Die Bundeswehr in der NATO

1. Was bedeutet die Abkürzung NATO?
2. Stellen Sie den Grund für die Entstehung der NATO dar!
3. Welche Ziele hatte die NATO bis 1989?
4. Wie veränderte sich die Zielsetzung der NATO seit 1990?
5. Warum veränderte sich die Zielsetzung der NATO?
6. Wie wird in der Organisation der NATO der Vorrang der politischen Führung verwirklicht?

3.6.4 Die UNO

Darum geht es:
Was ist das: Völkerrecht?
Wie arbeiten die Staaten in der UNO zusammen?
Wozu ist die UNO überhaupt da?

M 1 Aufgaben der UNO

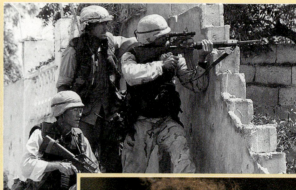

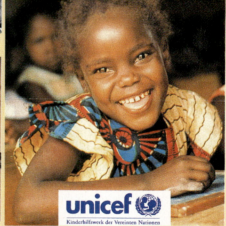

Abladen von Wahl-Urnen

M 2 Die Rolle der UNO in Bosnien-Herzegowina

Wie sähe bloß das Land aus, was wäre nur mit den Menschen in diesem Land geschehen, wenn nicht die Soldaten mit den blauen Helmen und blauen Baretten im Eiltempo Schotterstraßen durch die Berge geschlagen, unzählige Depots angelegt und quer durch die Fronten hindurch die logistischen Voraussetzungen für eine gigantische Katastrophenhilfe sowohl des UNHCR[1]) als auch ungezählter anderer internationaler Hilfsorganisationen geschaffen und die Bewachung der Transporte unternommen hätten? Im vorigen Winter konnten nach Ermittlungen der UNO zweieinhalb Millionen Menschen in Bosnien nur deshalb überleben, weil ihnen Hilfe von außen zuteil wurde. Jetzt, so heißt es, brauche man nur noch halb so viele Menschen zu verköstigen. Wenn dies stimmt, dann ist es zu einem guten Teil den Soldaten der UNO zu verdanken.

Der britische General Michael Rose erklärt, wie kompliziert, wie heikel von Anfang an sein Auftrag war, mitten in einem Krieg eine solche Friedensaktion zu starten: „Das ist eine Premiere für die Vereinten Nationen gewesen, und wir mußten ganz neue Konzepte, neue Doktrinen, neue Vorgehensweisen entwickeln . . . So gibt es in unserem Auftrag ein Element, das nur mühsam in die Vorstellung einer klassischen Friedensmission paßt: Wir haben Angriffe auf die von der UNO festgelegten Schutzzonen abzuwehren, und wir haben im Raum Gorazde und Sarajevo das Verbot für schwere Waffen durchzusetzen. Wir können auf die Präsenz der NATO nicht verzichten . . . Ohne diese Unterstützung hätte unsere Mission in den vergangenen zehn Monaten nicht fortgeführt werden können."

nach: Peter Sartorius, Süddeutsche Zeitung, 25. 11. 1994, S. 3

[1]) UNHCR: Hoher Kommissar für Flüchtlinge

M 3 Sanktionen gegen Serbien

M 4 Eins, zwei, drei . . .

Karikatur: Ironimus

---

1. Welche Tätigkeiten der UNO sind in M 1 dargestellt? Wie beurteilen Sie diese Tätigkeiten?
2. Erarbeiten Sie aus M 2 die Aufgaben, die die UNO-Schutztruppe in Bosnien-Herzegowina erfüllt (M 2)!
3. Welche Maßnahmen der UNO gegen Serbien, das die kriegführenden bosnischen Serben unterstützte, werden in M 3 dargestellt? Was soll damit erreicht werden?
4. Welche Rolle spielt in diesem Konflikt die NATO? (M 2)
5. Wie beurteilen Sie das Eingreifen der UNO in Bosnien-Herzegowina? (M 2 und M 3)
6. Erläutern Sie den Sachverhalt, der in der Karikatur M 4 dargestellt ist! Welche Probleme werden damit angesprochen?

Die UNO

Das Völkerrecht

Die Rechte und Pflichten der zur internationalen Völkergemeinschaft gehörenden Staaten regelt das Völkerrecht. Hierzu gehören etwa das Verbot der Einmischung in die inneren Angelegenheiten eines anderen Staates und die menschenwürdige Behandlung von Kriegsgefangenen.

Die Quellen des Völkerrechts

Verträge

Verträge werden jeweils von Diplomaten ausgehandelt. In der Regel schließen dann die Staatsoberhäupter den Vertrag, indem sie ihre Unterschrift daruntersetzen. Im allgemeinen bedarf er noch der Zustimmung der Parlamente (Ratifikation).

Gewohnheitsrecht

Ein Beispiel ist das Recht der freien Nutzung der Meere sowie dessen Einschränkung durch eine nationale Hoheitszone. Durch die Seerechtskonvention[1] der Vereinten Nationen 1982 wurde sie auf zwölf Seemeilen festgelegt.

Allgemein anerkannte Rechtsgrundsätze

Völkerrecht entsteht auch aus allgemein anerkannten Rechtsgrundsätzen, in denen die Rechtsordnungen der einzelnen Staaten übereinstimmen. Ein Beispiel ist das Gebot, geschlossene Verträge einzuhalten.

Völkerrecht

Auf die wichtigsten Grundsätze des Völkerrechts verweist die Charta[2] der Vereinten Nationen, die 1945 beschlossen wurde und die alle Staaten vertraglich anerkennen, die der Weltorganisation beigetreten sind:
– gegenseitige Achtung der Souveränität von Staaten, d. h. ihrer Eigenständigkeit und Unabhängigkeit,
– Anerkennung der Unverletzlichkeit ihrer Grenzen,
– Verzicht auf Androhung oder Anwendung von Gewalt in zwischenstaatlichen Streitfällen,
– Recht der Völker auf Selbstbestimmung vor allem in bezug auf die Regierungsform,
– Achtung von Menschenrechten, insbesondere der Menschenwürde.

[1] Konvention: Vereinbarung
[2] Charta: wichtige Urkunde im Staats- und Völkerrecht

Die Vereinten Nationen (UN)

Obwohl die Grundsätze des Völkerrechts von fast allen Staaten anerkannt worden sind, gibt es weiterhin Kriege, Gewaltandrohung und Unrecht in den internationalen Beziehungen. Der Grund ist darin zu sehen, daß wirksame Mittel zur Durchsetzung des Völkerrechts weitgehend fehlen. Mit der Gründung des Völkerbundes nach dem Ersten Weltkrieg versuchte man, solche Instrumente bereitzustellen. Nach dem Zweiten Weltkrieg fand dieser Versuch in der **Organisation der Vereinten Nationen** (engl. United Nations Organization = UNO) eine Fortsetzung. Sie hat ihren Hauptsitz in New York und besaß 1995 185 Mitglieder. Um ihre Grundsätze durchzusetzen, verfügt sie über eine ganze Reihe von Möglichkeiten, z. B.:
- Konferenzen aller ihrer Mitglieder über drängende Probleme wie Umweltschutz 1992 in Rio de Janeiro oder das Wachstum der Weltbevölkerung 1994 in Kairo,
- die Beobachtung und Kontrolle von Wahlen,
- wirtschaftliche Zwangsmaßnahmen (z. B. Wirtschaftsboykotte),
- Trennung gegnerischer Truppen, Schutz der Zivilbevölkerung und Sicherung ihrer Versorgung durch „Blauhelme", d. h. Soldaten im Auftrag der UNO, die ihre Aufgaben nicht durch Einsatz von Waffengewalt erfüllen,
- Einsatz militärischer Gewalt.

Die UNO

Sicherheitsrat der UNO

Er hat die Aufgabe, bei zwischenstaatlichen Konflikten die Einhaltung der vereinbarten Völkerrechtsgrundsätze zu überwachen und Verstöße gegen sie zu ahnden, notfalls auch mit militärischer Gewalt. Beschlüsse können nur mit Zustimmung der ständigen Mitglieder gefaßt werden.

Vollversammlung der UNO

Bei einem Friedensbruch kann die Vollversammlung innerhalb von 24 Stunden einberufen werden, wenn der Sicherheitsrat blockiert ist, weil ein ständiges Mitglied einem Vorschlag nicht zustimmt. Sie hat dann das Recht, mit Zwei-

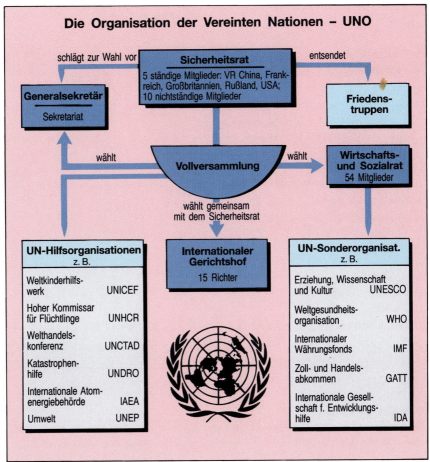

drittelmehrheit Empfehlungen für gemeinsame Handlungen der Mitgliedstaaten zu beschließen.

Internationaler Gerichtshof

Die Tätigkeit des Internationalen Gerichtshofes in Den Haag muß in ihren Grenzen gesehen werden. Anders als bei einem nationalen Gerichtshof ist sein Schiedsspruch nur wirksam, wenn er von den streitenden Parteien (Mitgliedstaaten) angenommen wird. Dies war z.B. bei der Auseinandersetzung zwischen Großbritannien, den Niederlanden, den skandinavischen Staaten und der Bundesrepublik Deutschland um die Aufteilung der Erdöl-Bohrgebiete in der Nordsee der Fall.

1. Was versteht man unter Völkerrecht?
2. Was sind die Quellen des Völkerrechts?
3. Welche wichtigen Grundsätze des Völkerrechts enthält die Charta der Vereinten Nationen?
4. Mit welchen Mitteln versucht die UNO, ihre Grundsätze durchzusetzen?
5. Über welche Organe verfügt die UNO, um ihren Grundsätzen Geltung zu verschaffen?
6. Nennen Sie wichtige Unterschiede in der Zusammensetzung dieser Organe!

Gewußt?

1. Überblick über die Verfassungsorgane

Erläutern Sie das Schaubild! Achten Sie dabei auf folgende Gesichtspunkte:
– Welche Amtsinhaber werden durch Mitglieder anderer Organe gewählt?
– Welche weiteren Abhängigkeiten bestehen zwischen den einzelnen Organen?
– Welche Aufgaben erfüllen die einzelnen Organe?

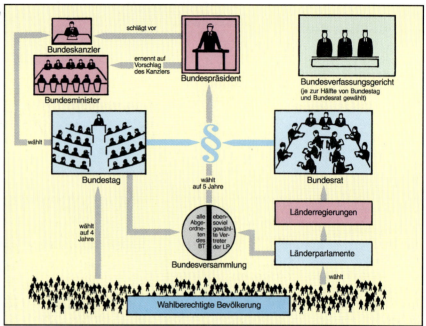

2. Lesen Sie Zeitung!

Suchen Sie aus den Tageszeitungen der folgenden Woche Meldungen über die Verfassungsorgane der Bundesrepublik Deutschland heraus! Fassen Sie die Artikel stichwortartig zusammen, und ordnen Sie diese Informationen (mit der Angabe des Datums und der Quelle) in die Tabelle ein, die Sie in Ihr Heft übertragen!

Bundespräsident	Bundesregierung	Bundestag	Bundesrat	Bundesverfassungsgericht

3. Da stimmt was nicht!

Bayern erhöht seine Zölle für die Wareneinfuhren aus Hessen ...
Die Bundesregierung beschloß neue Müllgebühren für die Gemeinden ...
Die Bayerische Staatsregierung beschloß, eine Berufsarmee aufzustellen ...
Der Bundestag verabschiedete ein neues Länderpolizeigesetz ...
Der europäische Außenminister traf mit dem amerikanischen Präsidenten zusammen ...
Der Militärausschuß der NATO beschloß ein militärisches Eingreifen in Jugoslawien ...

4 Die Wert- und Rechtsordnung von Grundgesetz und Bayerischer Verfassung

4.1 Die Grundrechte

Darum geht es:
Sind Grundrechte und Menschenrechte dasselbe?
Wo findet man die Grundrechte im Grundgesetz?
Grundrechte dürfen doch nicht geändert werden – oder?

M 1 Menschenrechte werden verletzt

M 2 Der neue Artikel 16a des Grundgesetzes

Aus dem Grundgesetz für die Bundesrepublik Deutschland

Früher: Art. 16 Abs. 2	Heute:
Politisch Verfolgte genießen Asylrecht.	Art. 16a Abs. 1 GG (neu): Politisch Verfolgte genießen Asylrecht. Art. 16a Abs. 2 GG (neu): Dieses Asylrecht können nicht beanspruchen: • Einreisende aus EG-Mitgliedsstaaten • Einreisende aus „sicheren Drittstaaten" (= Länder, in denen der Schutz von Flüchtlingen gewährleistet ist und Menschenrechtsverletzungen nicht bekannt sind.) • Einreisende aus „verfolgungsfreien Ursprungsstaaten" (= Länder, bei denen gewährleistet erscheint, daß politische Verfolgung oder unmenschliche oder erniedrigende Bestrafung oder Behandlung nicht stattfindet), es sei denn, der Bewerber kann eine Verfolgung nachweisen.

M 3 Asylbewerber

M 4 Die Debatte um die Änderung von Art. 16 GG im Deutschen Bundestag am 26. Mai 1993

Dr. Wolfgang Schäuble (CDU):
Wenn nur ein einziges Land, die Bundesrepublik Deutschland, in seinem verfassungsrechtlichen Schutz für die Asylbewerber über das hinausgeht, was seit der Genfer Flüchtlingskonvention von 1951 international als ausreichend angesehen wird, dann braucht man sich hinterher nicht zu wundern, wenn zwei Drittel aller Asylbewerber in Europa nach Deutschland kommen.

Eckart Kuhlwein (SPD):
Flucht hat viele Ursachen. Aber wenn es uns nicht wenigstens mittelfristig gelingt, Fluchtursachen in Osteuropa und in der Dritten Welt wirksamer als bisher zu bekämpfen, werden wir uns einer Völkerwanderung aus Not und Elend gegenübersehen, wie sie die Geschichte noch nicht erlebt hat.

Michael Glos (CSU):
Die Belastung durch Hunderttausende von nichtverfolgten Asylbewerbern ist außerordentlich hoch und hat in den zurückliegenden Jahren mehr und mehr auch den einzelnen Bürger betroffen. Für unsere Bevölkerung ist die Schmerzgrenze schon seit langem überschritten. Die Unterbringungsmöglichkeiten für Asylbewerber durch Staaten und Kommunen sind ausgeschöpft. Weitere Belastungen sind unzumutbar.

Dr. Hermann Otto Solms (F.D.P.):
Die Aufnahme der Asylrechtsgarantie in unser Grundgesetz ist unlösbar mit unserer Geschichte und unserer historischen Identität verbunden. Unzählige Menschen mußten im Dritten Reich ihre Heimat verlassen und Zuflucht in fremden Ländern suchen. Nicht immer waren es gute Erfahrungen, die die Menschen auf ihrer Flucht vor Diktatur und Unrecht auch an den Grenzen durchaus gefestigter westlicher Demokratien machen mußten.

1. Sprechen Sie anhand von M 1 darüber, warum Menschen Asyl suchen!
2. Durch welche Bestimmungen des neuen Art. 16a GG wird das Grundrecht auf politisches Asyl eingeschränkt (M 2)?
3. Welche Argumente werden für und gegen eine Einschränkung des Grundrechts auf politisches Asyl vorgebracht (M 3 – M 4)? Setzen Sie sich mit den Argumenten auseinander!

Die Grundrechte

Menschenrechte sind naturgegeben

Der Mensch unterscheidet sich vom Tier durch seine Vernunft und seinen freien Willen. Er besitzt bestimmte angeborene Rechte, die Menschenrechte. Zu diesen gehören u. a. das Recht auf Leben, die freie Entfaltung der Persönlichkeit und auf Eigentum. Die Menschen existieren aber nicht für sich alleine, sondern leben immer in einer Gesellschaft. Grundlage dieser menschlichen Gemeinschaften sind nach unserem Verständnis die Menschenrechte. Sie sind vorrangig gegenüber dem vom Staat gesetzten Recht, weil sie die angeborenen Rechte jedes Menschen gegenüber dem Staat schützen sollen.

Menschenrechte als Grundlage des Grundgesetzes

Die zahllosen Menschenrechtsverletzungen durch das NS-Regime veranlaßten 1949 den Parlamentarischen Rat, die verfassunggebende Versammlung, den Menschenrechten im Grundgesetz einen besonderen Stellenwert zu verleihen. So wurde in Art. 1 Abs. 1 die Würde des Menschen an die Spitze des Grundgesetzes gestellt. Darüber hinaus werden in Art. 1 Abs. 2 GG die Menschenrechte ausdrücklich „als Grundlage jeder menschlichen Gemeinschaft" anerkannt.

Ihren konkreten Niederschlag finden die Menschenrechte in den einzelnen **Grundrechten**. Diese stellen unmittelbar geltendes Recht dar, an das Gesetzgebung, vollziehende Gewalt und Rechtsprechung gebunden sind.

Grundgesetz der Bundesrepublik Deutschland	Verfassung des Freistaats Bayern
Präambel I Die Grundrechte II Der Bund und die Länder III Der Bundestag IV Der Bundesrat IVa Gemeinsamer Ausschuß V Der Bundespräsident VI Die Bundesregierung VII Die Gesetzgebung des Bundes VIII Die Ausführung der Bundesgesetze und die Bundesverwaltung IX Die Rechtsprechung X Das Finanzwesen Xa Verteidigungsfall XI Übergangs- und Schlußbestimmungen	**Aufbau und Aufgaben des Staates** 1. Die Grundlagen des Bayerischen Staates 2. Der Landtag 3. Der Senat 4. Die Staatsregierung 5. Der Verfassungsgerichtshof 6. Die Gesetzgebung 7. Die Verwaltung 8. Die Rechtspflege 9. Die Beamten **Grundrechte und Grundpflichten** **Das Gemeinschaftsleben** 1. Ehe und Familie 2. Bildung und Schule, Schutz der natürlichen Lebensgrundlagen und der kulturellen Überlieferung 3. Religion und Religionsgemeinschaften **Wirtschaft und Arbeit** 1. Die Wirtschaftsordnung 2. Das Eigentum 3. Die Landwirtschaft 4. Die Arbeit **Schluß- und Übergangsbestimmungen**

Ein besonders wichtiges Grundrecht: der Schutz von Ehe und Familie

Die Bedeutung der Grundrechte läßt sich besonders gut am Beispiel des Schutzes von Ehe und Familie in Art. 6 Abs. 1 GG zeigen. Die Aufnahme dieses Lebensbereiches in den Grundrechtskatalog erfolgte, weil Ehe und Familie für die menschliche Existenz von besonderer Wichtigkeit sind (vgl. Kap. 1. 1). Der Staat wird dazu verpflichtet, Ehe und Familie zu fördern. Dies geschieht durch besondere Maßnahmen wie z. B. das Kindergeld. Andererseits wird durch Art. 6 GG ein besonders empfindlicher Bereich privater Lebensgestaltung vor staatlicher Einflußnahme geschützt. Die Verfassung des Freistaates Bayern hebt die besondere Bedeutung von Ehe und Familie dadurch hervor, daß ihr innerhalb des Hauptteiles „Das Gemeinschaftsleben" ein eigener Abschnitt gewidmet wird.

Die Grundrechte

Die Bayerische Verfassung unterscheidet sich vom Grundgesetz dadurch, daß den sozialen und wirtschaftlichen Grundrechten eigene Abschnitte gewidmet werden. Dementsprechend sind in der Bayerischen Verfassung auch diejenigen Grundrechte stärker ausgeprägt, die dem einzelnen einen Anspruch auf öffentliche Leistungen einräumen. Als Beispiele sind das Recht auf Ausbildung (Art. 128 Abs. 1 BV) und das Recht auf Arbeit (Art. 166 Abs. 2 BV) zu nennen.

Grundrechte in der Bayerischen Verfassung

Da die Grundrechte als grundlegende Rechte des einzelnen vom Staat anerkannt werden müssen, genießen sie auch den besonderen Schutz des Grundgesetzes: „In keinem Fall darf ein Grundrecht in seinem Wesensgehalt angetastet werden" (Art. 19 Abs. 2 GG).

Grundrechte sind besonders geschützt

Es kann aber auch erforderlich sein, Grundrechte einzuschränken, um einen möglichen **Mißbrauch** zu verhindern. Als Beispiel kann das Recht der freien Meinungsäußerung dienen. Nach Art. 5 Abs. 2 GG findet es nämlich seine Schranken „in den Vorschriften der allgemeinen Gesetze, den gesetzlichen Bestimmungen zum Schutze der Jugend und in dem Recht der persönlichen Ehre".

Auch Grundrechte haben Grenzen

Eine besondere Form des Mißbrauchs von Grundrechten praktizierten die Nationalsozialisten und die Kommunisten in der Endphase der Weimarer Republik. Unter dem Schutz der Meinungs- und Demonstrationsfreiheit konnten sie ungehindert die Demokratie bekämpfen. Der Parlamentarische Rat nahm aufgrund dieser Erfahrung in Art. 18 GG die Möglichkeit auf, einem einzelnen den Schutz bestimmter Grundrechte zu entziehen, wenn er diese zum Kampf gegen die freiheitliche demokratische Grundordnung mißbraucht.

In der fast 50jährigen Geschichte der Bundesrepublik Deutschland haben sich die gesellschaftlichen, wirtschaftlichen und politischen Bedingungen so geändert, daß auch im Bereich der Grundrechte zahlreiche Anpassungen notwendig wurden. Die meisten Veränderungen wurden durch die Einrichtung der **Bundeswehr** und die Bestimmungen für den Verteidigungsfall hervorgerufen. Aber auch der Wandel der Rolle der Frau in unserer Gesellschaft, der in den letzten Jahrzehnten immer deutlicher wurde (vgl. Kap. 1. 4), hat seinen Niederschlag im Grundrechtskatalog gefunden. 1994 wurde die in Art. 3 GG verankerte **Gleichberechtigung** von Mann und Frau durch die Forderung verstärkt, daß der Staat die tatsächliche Durchsetzung dieser Gleichberechtigung fördern soll. Ebenfalls Rechnung getragen wurde der Erkenntnis, daß wir ohne ausreichenden **Umweltschutz** unsere Lebensgrundlagen zerstören. So wurde der Art. 20a neu in das Grundgesetz aufgenommen, in dem der Umweltschutz zu einer Aufgabe des Staates gemacht wird.

Grundrechte unterliegen einem Wandel

1. Warum betrachten wir die Menschenrechte als naturgegeben?
2. Welche Bedeutung haben die Menschenrechte für das Grundgesetz?
3. Warum ist der Schutz von Ehe und Familie ein besonders wichtiges Grundrecht?
4. Welchen besonderen Schutz genießen die Grundrechte?
5. Suchen Sie in Art. 2–19 GG Einschränkungsmöglichkeiten von Grundrechten!
6. Zeigen Sie, wie sich in den Grundrechten die Geschichte der Bundesrepublik widerspiegelt!

4.2 Formen und Grundzüge der Demokratie

Darum geht es:
Warum entscheiden Parlamente, ohne das Volk zu fragen?
Tritt das Volk alle seine Rechte bei der Parlamentswahl ab?
Wären Volksentscheide nicht demokratischer als Abstimmungen im Parlament?

M 1 Demokratie in der Schweiz: die Landsgemeinde

Volkstümlicher und sparsamer kann Demokratie nicht sein: Einmal im Jahr kommen die Bürger von fünf kleinen Schweizer Kantonen unter freiem Himmel zu einer Landsgemeinde zusammen und machen selbst die Politik. Man bildet einen Ring, und der Weibel auf dem hölzernen Podium zählt mit mehr oder weniger geübtem Blick die hochgereckten Hände der Bürger bei Wahlen oder Gesetzesvorschlägen. Das Bier und die Würste, die bei diesem demokratischen Volksauflauf verzehrt werden, zahlt jeder aus eigener Tasche; Sitzungsspesen gibt es nicht. Diese Urform der Demokratie hat bisher in einigen Innerschweizer Tälern und im Appenzell überlebt.

Landweibel ist die Schweizer Bezeichnung für Amtsdiener. Die 23 Gliedstaaten der Schweiz werden Kantone genannt. Die Kantone Appenzell, Basel und Unterwalden sind in je zwei Halbkantone geteilt. Die Kantone und Halbkantone verfügen über alle staatlichen Befugnisse, die nicht ausdrücklich dem Bund übertragen sind.

M 2 Urne statt Ring

Die Bürger des Kantons Nidwalden haben im Oktober 1994 überraschend beschlossen, wichtige Entscheidungen und auch Wahlen künfig nicht mehr im Ring, sondern an der Urne vorzunehmen.
Die Fragwürdigkeit der offenen Stimmabgabe bei heiklen politischen Beschlüssen war es, die eine Gruppe von Bürgern bewog, mit einer Initiative die jetzige Reform der Landsgemeinde durchzusetzen. Denn die Wahl ist nicht geheim, der Nachbar, aber möglicherweise auch der neugierige Arbeitnehmer sieht zu, wofür man stimmt. Und im kommenden Jahr steht Nidwalden eine schwierige Entscheidung bevor, das Volk muß über eine umstrittene Genehmigung für ein atomares Endlager befinden. Dabei geht es um eine Millionen-Entschädigung für ein Dorf und um Bauaufträge für die lokale Wirtschaft. Um den Neid unter Nachbarn einzudämmen und möglichen Druck der Unternehmer bei ihren Mitarbeitern etwas zu erschweren, wird nun vermutlich nicht die Landsgemeinde über das Projekt entscheiden, sondern dies wird an der Urne geschehen.
Frankfurter Allgemeine Zeitung, 25. 10. 1994

M 3 Demokratie in der Schweiz: Volksbegehren und Referendum

Die Schweizer können über ihre Volksrechte die Verfassung ergänzen oder verändern, und das haben sie stets ausgiebig mit Initiativen (Volksbegehren) versucht. Im vergangenen Jahr wollten einige Bürger sogar in der Verfassung verankern, daß Haschisch straflos geraucht werden darf oder daß keine Fernsehgebühren mehr bezahlt werden müssen – allerdings erfolglos.
Seit 1891 existiert das Volksbegehren in der Schweiz. 100 000 Unterschriften sind nötig, damit eine Volksabstimmung zustande kommt. Bis heute wurde über rund 130 Initiativen abgestimmt. Zwar waren nur zwölf von ihnen erfolgreich. Doch selbst wenn das Volksbegehren nicht direkt seinen Niederschlag in der Verfassung fand, gab es langfristig fast immer den Anstoß zu Veränderungen. Auf der anderen Seite gibt es das Referendum (Volkeinsprache gegen Gesetze oder Staatsverträge): dieses Recht erfordert lediglich 50 000 Unterschriften für ein Plebiszit.

Die Schweizer sind stolz auf ihre alten demokratischen Traditionen. Doch die direkte Demokratie hat nicht nur ihre Freiheiten, sondern auch ihre Tücken. Die Schweizer Regierung (der „Bundesrat") sieht sich immer wieder mit überraschenden Resultaten bei Volksabstimmungen konfrontiert.
Besonders schwierig wird es, wenn zwischenstaatliche Abkommen tangiert sind. Über Staatsverträge *kann* entweder wahlweise (das ist bei bedeutenden Abkommen der Fall) oder *muß* zwangsläufig (bei sehr gewichtigen Abkommen wie einem NATO- oder EU-Betritt) das Volk in einer Abstimmung entscheiden. So sieht sich die Regierung immer wieder in der unbequemen Lage, daß sie internationale Verträge abschließt, die unter Umständen vom Volk verworfen werden. Das schränkt den Handlungsspielraum und auch die Glaubwürdigkeit des Bundesrats als Verhandlungspartner stark ein.

Süddeutsche Zeitung, 5. 5. 1994

M 4 Volksentscheid mit internationalen Folgen

Genfer Abstimmungsplakate für und gegen den Anschluß der Schweiz an den Europäischen Wirtschaftsraum im Dezember 1992 – die Neinsager siegten und brachten die eidgenössische Regierung in eine verzwickte Lage.

1.1	Erarbeiten Sie anhand von M 1 und M 2 Zusammensetzung, Ablauf und Aufgaben einer Landsgemeinde!
1.2	Warum kann man die Landsgemeinde als „Urform der Demokratie" bezeichnen? (M 1)
2.1	Welche Probleme machen eine Reform der Landsgemeinde notwendig? (M 2)
2.2	Wie soll diese Reform aussehen? (M 2)
3.1	Erläutern Sie den Unterschied zwischen einem Volksbegehren und einer Volkseinsprache in der Schweiz! (M 3)
3.2	Warum bezeichnet man diese Formen der Mitwirkung des Volkes als direkte Demokratie?
4.1	Welche Probleme sind mit dem Referendum verbunden? (M 3 und M 4)
4.2	Überlegen Sie Vorteile, die sich aus einer stärkeren politischen Mitwirkung des Volkes ergeben können!

Formen und Grundzüge der Demokratie

Volkssouveränität und Demokratie

In Art. 20 des Grundgesetzes heißt es: „Alle Staatsgewalt geht vom Volke aus." In diesem Satz ist das Prinzip der Volkssouveränität enthalten, das die Grundlage jeder Demokratie darstellt. Unter Souveränität versteht man die höchste Staatsgewalt. Staatsgewalt ist die Befehls- und Zwangsgewalt, die allein dem Staat rechtmäßig zusteht. Sie äußerst sich in staatlichen Gesetzen oder in einzelnen Maßnahmen der Staatsorgane. Die Staatsgewalt geht in einem demokratischen Staat grundsätzlich vom Volke aus. Volkssouveränität bedeutet also, daß jede staatliche Betätigung nur dann gerechtfertigt ist, wenn sie sich auf den Willen des Volkes zurückführen läßt.

Man unterscheidet zwei Formen der Demokratie:

Direkte Demokratie	Repräsentative Demokratie
Das Volk entscheidet in Abstimmungen alle Sachfragen und wählt unmittelbar die Mitglieder der Regierung. Verwirklicht ist die direkte Demokratie in den Landsgemeinden verschiedener Kantone der Schweiz. Diese Versammlungen aller stimmberechtigten Bürger wählen unmittelbar die Kantonsregierung und stimmen über Gesetze ab. Verwirklicht ist die direkte Demokratie aber auch in vielen anderen Staaten, in denen das Volk in Volksabstimmungen über Gesetzesentwürfe und Verfassungsänderungen entscheiden kann.	Das Volk wählt Vertreter (Repräsentanten) in das Parlament, die ihrerseits über die Sachfragen abstimmen und die Mitglieder der Regierung wählen. Um dem Willen des Volkes gerecht werden zu können, sind diese Abgeordneten als Repräsentanten des ganzen Volkes nicht an Aufträge und Weisungen ihrer Wähler gebunden. Verwirklicht ist die repräsentative Demokratie in allen parlamentarischen Demokratien. Auch die Bundesrepublik Deutschland ist eine repräsentative Demokratie.

Elemente direkter Demokratie im Freistaat Bayern

Die Bundesrepublik ist eine repräsentative Demokratie, das Grundgesetz enthält keine Elemente einer direkten Demokratie. Im Gegensatz dazu bietet die Bayerische Verfassung dem Volk die Möglichkeit, seine Herrschaftsgewalt auch direkt auszuüben. Mit Volksbegehren und Volksentscheid kann die Bevölkerung nämlich unmittelbar in den Gesetzgebungsprozeß eingreifen (vgl. Kap. 2.8). Außerdem muß in Bayern eine Verfassungsänderung ebenfalls dem Volk zur Entscheidung vorgelegt werden – zusätzlich zur erforderlichen Zweidrittelmehrheit im Landtag.

Die fünf Bausteine der repräsentativen Demokratie:

Mehrheitsentscheidungen	Da es häufig unmöglich ist, bei Entscheidungen die Meinungen aller Abgeordneten unter einen Hut zu bekommen, genügen in einer Demokratie Mehrheiten für die Entscheidungen des Parlaments. Wichtig für die Leistungsfähigkeit der repräsentativen Demokratie ist jedoch, daß diese Mehrheitsentscheidungen dann auch von denjenigen als verbindlich anerkannt werden, die dagegen gestimmt haben.
Minderheitenschutz	Die Bereitschaft der Minderheit, Mehrheitsentscheidung anzuerkennen, setzt aber voraus, daß die Minderheit der Mehrheit nicht schutzlos ausgeliefert ist. Also müssen der Minderheit bestimmte Rechte garantiert werden, die ein Mindestmaß an Chancengleichheit gewährleisten.
Mehrparteiensystem	Die wichtigste Chance der Minderheit ist die, nach Ablauf eines bestimmten Zeitraums die herrschende Mehrheit abzulösen. Bei freien und demokratischen Wahlen bewerben sich folglich Parteien mit unterschiedlichen Zielen und Programmen in einem fairen Wettbewerb um den Regierungsauftrag. Eine repräsentative Demokratie kann nur funktionieren, wenn es ein Mehrparteiensystem gibt.
Recht auf Opposition	Ein wichtiges Recht der Minderheit ist das „Recht auf verfassungsmäßige Bildung und Ausübung einer Opposition". Nach Meinung des Bundesverfassungsgerichts ist das Recht auf Opposition genauso wie das Mehrparteiensystem ein entscheidendes Kennzeichen der freiheitlichen demokratischen Grundordnung.
Kontrolle der Regierung	Die Ausübung einer Opposition kann sich aber nicht auf Debatten im Bundestag und auf die Beeinflussung der öffentlichen Meinung beschränken, sie muß auch konkrete Mittel der Kontrolle umfassen. Die Opposition muß die Regierung auch zwingen können, öffentlich Rechenschaft abzulegen.

1. Warum ist die Volkssouveränität die Grundlage jeder Demokratie?
2.1 Welcher Unterschied besteht zwischen direkter und repräsentativer Demokratie?
2.2 Nennen Sie Beispiele für die Verwirklichung dieser beiden Formen der Demokratie!
2.3 Welche Elemente direkter Demokratie gibt es im Freistaat Bayern?
3. Erläutern Sie die fünf Bausteine der repräsentativen Demokratie!

4.3 Politischer Extremismus

Darum geht es:
Woran erkennt man Rechts- und Linksextremisten?
Wie gefährlich sind Rechts- und Linksextremisten?
Eine Diktatur, was ist das eigentlich?

M 1 In der Clique ...

„In der Clique, da fühlt man sich stärker, auch irgendwie größer, da sind mehrere, da kannst du auch mal zuhauen, weil die sehen, wir sind eine Clique, na ja, wenn die anderen angreifen, also einschreiten, na ja, dann kannst du halt zuhauen, und die wehren sich nicht, zumindest kaum." (14jähriger)

„Ich habe persönlich nichts gegen Ausländer, aber daß sie uns auf der Straße anmachen, finde ich mies. Es sind zu viele da. Die meisten Deutschen sind arbeitslos, aber die Ausländer arbeiten immer noch. Das finde ich gemein. Die sollen in ihrem Lande bleiben. Als Touristen können sie gerne kommen, aber sie müssen wieder abdampfen." (Schülerin)

„Wenn man im Dunkeln durch den Wald rennt, über Zäune und durch Gärten, und die andern jagt, und die Polizei ist hinter einem her – das ist phantastisch, da vergißt man sich." (Rechtsextremistischer Fußballfan)

„Ich bin immer der Meinung, mein Vater hat mich total scheiße erzogen ... Er hat sich so gut wie gar nich' um mich gekümmert. Der war mal Hamburger Meister im Paddeln. Wenn der mit seinem Paddelboot als erster da durchs Ziel gekommen ist, war er der König, der Geile. Und ich bin eben der Geile dann, wenn ich einen da entdecke, der vor mir aufm Boden liegt." (Rechtsextremistischer Fußballfan)

M 2 Entwicklung des rechts- und linksextremistischen Mitgliederpotentials

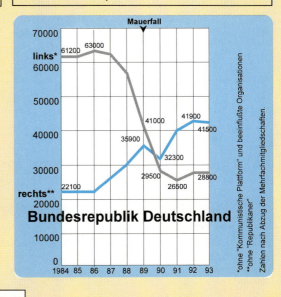

1. Warum schließen sich Jugendliche den Skinheads an? (M 1)
2. Wie entwickeln sich die Mitgliederzahlen bei rechts- und linksextremistischen Organisationen? (M 2)
3. Versuchen Sie diese Entwicklungen zu erklären! Ziehen Sie dazu auch M 1 heran!

M 3 Kundgebung der Freiheitlichen Arbeiterpartei (FAP) gegen die Integration von Ausländern, 1992

M 4 Dringend gesucht: Linksextremistische Terroristen, Fahndungsplakat von 1977

M 5 Verbot der FAP

Bonn. (dpa) Die Bundesregierung will die neonazistische „Freiheitliche Deutsche Arbeiterpartei" (FAP) durch das Bundesverfassungsgericht verbieten lassen. Einen entsprechenden Antrag in Karlsruhe habe das Kabinett am Donnerstag beschlossen, teilte Bundesinnenminister Manfred Kanther (CDU) mit.
Die Partei, die laut Verfassungsschutzbericht im vergangenen Jahr 220 Mitglieder hatte . . ., ziele darauf ab, die demokratische Grundordnung zu beseitigen, erklärte Kanther. Sie hetze gegen Ausländer, äußere sich in ihren Publikationen antisemitisch und bekenne ihre Wesensverwandtschaft zum Nationalsozialismus.

Der neue Tag, Weiden, Nr. 203, 3. 9. 1993

M 6 „Kein Allheilmittel"

Der Nutzen von Verboten rechtsextremer Gruppierungen als Mittel zur Bekämpfung ausländerfeindlicher Gewalt ist unter Politikern und Juristen umstritten. Der Vorsitzende der Innenministerkonferenz, Friedel Läpple, sagte, von einem Verbot werde das Signal ausgehen, „daß wir mit allen rechtsstaatlichen Mitteln versuchen, diesen Spuk von rechts zu beenden" . . . Der frühere Präsident des Bundesverfassungsgerichts, Ernst Benda, glaubt dagegen nicht, daß der Gewalt von rechts durch das Verbot von Gruppierungen wie „Deutsche Alternative" oder „Nationalistische Front" wirksam Einhalt geboten werden kann. „Verbote sind kein Allheilmittel. Unter den Gewalttätern sind nämlich viele, die nicht organisiert sind." . . . Benda hält es für „allemal besser, wenn nicht der Staat, sondern der Wähler eine Partei auflöst, indem er sie nicht wählt".

Süddeutsche Zeitung Nr. 275, 28./29. 11. 1992

4. Warum wird die FAP als rechtsextremistische Partei eingestuft? (M 3, M 5)
5. Welche Bedeutung hat die Ausländerfeindlichkeit für den Rechtsextremismus? (M 1, M 5)
6. Diskutieren Sie Möglichkeiten, Extremismus von rechts oder links Einhalt zu gebieten! (M 6)

Politischer Extremismus

Extremisten bedrohen die Demokratie

In den siebziger und achtziger Jahren wurde die Bundesrepublik Deutschland durch die Mordanschläge der linksextremistischen Terrororganisation RAF (Rote-Armee-Fraktion) bedroht. Seit der Wiedervereinigung Deutschlands erschüttern in zunehmendem Maße rechtsextremistische Gewaltaktionen wie Brandanschläge auf Asylbewerberheime unseren Staat. Doch damit ist die linksextremistische Szene keineswegs verschwunden, vielmehr bekämpfen heute sowohl Rechts- als auch Linksextremisten unsere Demokratie.

Die folgende Übersicht vergleicht die beiden extremistischen Richtungen:

	Linksextremisten	**Rechtsextremisten**
Ziele	Revolutionäre Veränderung von Staat und Gesellschaft soll zur Diktatur des Proletariats führen.	Rückkehr zu einem diktatorischen Staatswesen, das nach dem Führerprinzip aufgebaut ist.
Inhalte	– Ideologie des Marxismus-Leninismus – Bundesrepublik wird als kapitalistischer Staat angesehen – deshalb Gewaltbereitschaft gegenüber Vertretern von Staat und Wirtschaft	– übersteigerter Nationalismus, der sich in Ausländerhaß äußert – Verharmlosung der Verbrechen der NS-Herrschaft – Gewaltbereitschaft gegenüber Ausländern
Parteien, die verboten sind	**KPD** (Kommunistische Partei Deutschlands), verboten seit 1956	**SRP** (Sozialistische Reichspartei), verboten seit 1952
Parteien, die eindeutig zugeordnet werden	**DKP** (Deutsche Kommunistische Partei)	**NPD** (Nationaldemokratische Partei Deutschlands) **DVU** (Deutsche Volksunion)
Parteien, deren Zuordnung umstritten ist	**PDS** (Partei des demokratischen Sozialismus)	**Die Republikaner**
Gruppierungen	**Autonome** Provozieren bei Demonstrationen Auseinandersetzungen mit der Polizei, weil sie den Staat ablehnen.	**Skinheads** Erregen durch gewaltsame Aktionen gegen Ausländer öffentliche Aufmerksamkeit.

Politischer Extremismus

Sowohl Rechts- als auch Linksextremisten sind Gegner der parlamentarischen Demokratie, weil sie diktatorische Staatswesen als vorbildlich ansehen. Dabei berufen sie sich auf Staatsformen, die mit dem Ende des Ersten Weltkrieges in Europa entstanden und die als Diktaturen bezeichnet werden, weil eine einzelne Person oder eine bestimmte Gruppe die unumschränkte Herrschaft im Staat ausübte. Neben der Sowjetunion unter Stalin verkörperte auch das „Dritte Reich" unter Hitler diesen Typ eines diktatorischen Staatswesens.

Moderne Diktaturen

Die folgende Übersicht zeigt im Vergleich die Unterschiede zwischen demokratischen und diktatorischen Staatswesen:

Ein Vergleich: Demokratie und Diktatur

	Demokratie	Diktatur
Menschenbild	– alle Menschen sind frei – jedes Mitglied der Gesellschaft behält seine Rechte – der Staat muß die Rechte des einzelnen respektieren (Menschenrechte)	– alle Menschen sind gleich – die Gemeinschaft (Volk, Klasse) ist wichtiger als das einzelne Mitglied – der einzelne muß sich dem Staat unterwerfen
Entscheidungsfindung	– Wahlen als Entscheidung zwischen Alternativen – vom Volk gewähltes Parlament trifft Entscheidungen – Entscheidungsfindung von unten nach oben	– Wahlen als Zustimmung zum bestehenden System – starker Mann an der Spitze von Staat und Partei trifft Entscheidungen – Entscheidungsfindung von oben nach unten
Machtkontrolle	– Gewalteinteilung – Mehrparteiensystem – Recht auf Opposition	– Vereinigung aller höchsten Ämter in der Hand eines starken Mannes (Führer) – Einparteiensystem – Verfolgung der Opposition

1. Welche Ziele verfolgen Rechts- und Linksextremisten? Wodurch unterscheiden sich ihre inhaltlichen Aussagen?
2. Nennen Sie Parteien und Gruppierungen, die dem Rechts- und dem Linksextremismus zuzuordnen sind!
3. Was haben Rechts- und Linksextremisten gemeinsam?
4. Welches sind die Merkmale einer modernen Diktatur?
5. Erläutern Sie diese Merkmale anhand von Beispielen aus der Geschichte des „Dritten Reichs"!

4.4 Der Rechtsstaat

Darum geht es:
Welche Erwartungen haben Sie an einen „Rechtsstaat"?
Kann der Bürger auch gegenüber staatlichen Behörden zu seinem Recht kommen?
Sind die Gerichte auch für den einfachen Bürger da?

Die Stadt Erlangen erläßt folgenden

Bescheid:

1. Ihre Fahrerlaubnis wird entzogen.
2. Der am . . . ausgefertigte Führerschein wird eingezogen. Der Betroffene wird aufgefordert, den Führerschein unverzüglich nach Zustellung dieses Bescheides bei der Stadt Erlangen, Führerscheinstelle, Henkestr. 53, abzuliefern. Sollte der Aufforderung zur sofortigen Ablieferung des Führerscheins nicht innerhalb von fünf Tagen nach Zustellung dieses Bescheides nachgekommen sein, so wird der Führerschein durch Polizeibeamte zwangsweise eingezogen.

Begründung:

Nach Mitteilung des Kraftfahrt-Bundesamtes sind folgende Verkehrszuwiderhandlungen im Verkehrszentralregister eingetragen:

26. 1. 91: Mißachtung des Rotlichts:	3 Punkte
10. 1. 92: Vergehen gegen das Pflichtversicherungsgesetz:	6 Punkte
17. 5. 92: Fahrzeug geführt mit Reifen ohne ausreichendes Profil:	3 Punkte
18. 9. 94: Überschreitung der zulässigen Höchstgeschwindigkeit innerhalb geschlossener Ortschaft um mehr als 40 km/h:	4 Punkte
Diese Verstöße sind nach dem einheitlichen Punktesystem mit insgesamt	16 Punkten

zu werten.
Nach Art und Zahl dieser Verkehrszuwiderhandlungen besteht konkreter Anlaß zur Annahme, daß der Betroffene nicht im Besitz ausreichender Kenntnisse über die einschlägigen Verkehrsvorschriften ist . . .
Die Verwaltungsbehörde muß den Interessen der Verkehrssicherheit Rechnung tragen. Sie ist verpflichtet, die Allgemeinheit vor einer Gefährdung durch einen ungeeigneten Fahrzeugführer zu schützen. Die Stadt Erlangen sieht sich daher gezwungen, die Fahrerlaubnis des Betroffenen gem. § 15b Abs. 1 StVZO zu entziehen.

Rechtsbehelfsbelehrung:

Gegen diesen Bescheid (diese Verfügung) kann binnen eines Monats nach Eröffnung/Zustellung Widerspruch erhoben werden. Der Widerspruch ist schriftlich oder zur Niederschrift bei der Stadt Erlangen, Rathausplatz 1, einzulegen. Die Frist ist auch gewahrt, wenn der Widerspruch rechtzeitig bei der Regierung von Mittelfranken, 91522 Ansbach, Promenade 27 (Schloß), eingelegt wird.

M 2 Der Bürger kann sein Recht geltend machen

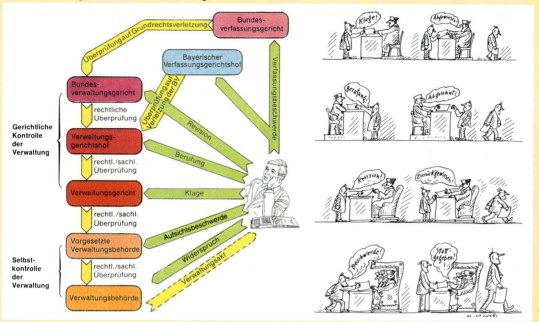

Karikatur: Marie Marcks

M 3 Gerichte in der Bundesrepublik Deutschland

Gerichtsarten	Zuständigkeit
a) **ordentliche Gerichte** (Amtsgericht ➤ Landgericht ➤ Oberlandesgericht ➤ Bundesgerichtshof)	strafrechtliche und privatrechtliche Fragen: z. B. Diebstahl, Mietstreitigkeiten, Ehescheidung
b) **Arbeitsgerichte** (Arbeitsgericht ➤ Landesarbeitsgericht ➤ Bundesarbeitsgericht)	arbeitsrechtliche Streitfragen: z. B. Anfechtung einer Kündigung
c) **allgemeine Verwaltungsgerichte** (Verwaltungsgericht ➤ Oberverwaltungsgericht ➤ Bundesverwaltungsgericht)	allgemeine Verwaltungsmaßnahmen (Verwaltungsakte): z. B. eine Baugenehmigung wird nicht erteilt, schulrechtliche Streitigkeiten (Beispiel: ein Notenausgleich wird nicht gewährt)
d) **besondere Verwaltungsgerichte** (Finanzgericht ➤ Bundesfinanzhof, Sozialgericht ➤ Landessozialgericht ➤ Bundessozialgericht)	Streitfragen aus bestimmten Fachbereichen der Verwaltung z. B. ein Steuerbescheid der Finanzbehörde wird nicht akzeptiert z. b. ein Rentenanspruch wird nicht zuerkannt
e) **Verfassungsgerichte der Länder, Bundesverfassungsgericht**	u. a. Verfassungsbeschwerden, Normenkontrolle z. B. Klage wegen Verletzung der Grundrechte, Feststellung der Verfassungswidrigkeit von Gesetzen

1.1 Worum geht es bei dem Bescheid der Stadt Erlangen? (M 1)
1.2 Welche Möglichkeit hat der betroffene Bürger, sich gegen diese Entscheidung zu wehren? Welche formalen Bedingungen muß er dabei beachten? (M 1)
2.1 Welche Rechtsmittel stehen dem Betroffenen zur Verfügung, wenn der Widerspruch zurückgewiesen werden sollte? Welche Stationen muß er dabei beachten? (M 2)
2.2 Welcher Zweig der Gerichtsbarkeit ist bei dem in M 1 dargestellten Sachverhalt zuständig? (M 3)
3. Welche besondere Stellung haben die Verfassungsgerichte der Länder (s. Kap. 3.3, Bayern) und das Bundesverfassungsgericht (s. Kap. 3.5.4)? (M 3)

Der Rechtsstaat

Jeder Bürger – auch der Jugendliche – ist in den verschiedensten Lebensbereichen von Verwaltungsmaßnahmen betroffen: Ob er einen Bußgeldbescheid wegen Überschreitung der zulässigen Höchstgeschwindigkeit erhält oder ob er das Klassenziel nicht erreicht hat. Er kann aber auch in einen Streit mit seinem Vermieter wegen einer überzogenen Mieterhöhung verwickelt werden.

Das Grundgesetz garantiert den Rechtsweg

Der betroffene Bürger muß weder den Bußgeldbescheid noch die Mieterhöhung einfach hinnehmen. Der Rechtsstaat garantiert in Art. 19 Abs. 4 GG jedem Bürger den sogenannten **Rechtsweg**. Es handelt sich dabei um einen gesetzlich festgelegten Weg, Streitfragen klären zu lassen.

Die Verwaltung kontrolliert sich selber

Bei einer Verwaltungsmaßnahme stehen dem Bürger verschiedene Rechtsmittel zur Verfügung. Als erstes kann er sich an die Verwaltung wenden. Er kann **Widerspruch** einlegen, indem er innerhalb eines Monats in schriftlicher Form verlangt, daß der Bescheid geändert oder aufgehoben wird. In diesem Fall ist die Verwaltung verpflichtet, den angefochtenen Verwaltungsakt zu überprüfen und gegebenenfalls aufzuheben. Sie kann den Widerspruch aber auch zurückweisen. Es besteht dann die Möglichkeit, bei der vorgesetzten Verwaltungsbehörde **Beschwerde** einzulegen.

Die Gerichte entscheiden

Wird der Beschwerde nicht stattgegeben, so kann der Bürger die **Entscheidung durch unabhängige Gerichte** überprüfen lassen. Die Gerichtsbarkeit in der Bundesrepublik gliedert sich in verschiedene Zweige, die für ganz bestimmte Bereiche zuständig sind. Eine solche Spezialisierung der Gerichte ist notwendig, weil die Sachverhalte immer komplizierter werden, über die die Richter zu urteilen haben. Für Klagen gegen Verwaltungsakte sind die Verwaltungsgerichte zuständig. Die Übersicht über den Rechtsweg (M 2) zeigt, welche Gerichte in welcher Reihenfolge angerufen werden können.

Der Grundsatz der Gewaltenteilung

Die richterliche Kontrolle der Verwaltung kann nur dann wirksam sein, wenn die Gerichte streng von den anderen staatlichen Organen getrennt sind. Deshalb ist in einem Rechtsstaat der Grundsatz der Gewaltenteilung von besonderer Bedeutung. Das Parlament verabschiedet die Gesetze, die Verwaltung führt sie aus, und die Gerichte kontrollieren ihre Anwendung. Diese drei Gewalten nennt man die gesetzgebende (**Legislative**), die ausführende (**Exekutive**) und die richterliche Gewalt (**Judikative**). Das folgende Schaubild zeigt, welche Staatsorgane in Bund, Ländern und Gemeinden den drei Gewalten zugeordnet werden.

Der Rechtsstaat

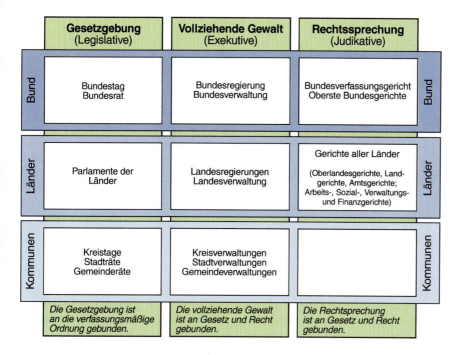

Der Grundsatz der Gewaltenteilung wird im Grundgesetz auch durch die Unabhängigkeit der Richter gewährleistet (Art. 97 GG). Um zu verhindern, daß auf einen Richter Druck ausgeübt werden kann, wird vor allem seine persönliche Unabhängigkeit garantiert. So können Richter nur durch das Urteil eines Richterdienstgerichtes auf der Grundlage des Richtergesetzes entlassen werden. Auch eine Versetzung gegen den Willen eines Richters ist nur unter diesen Voraussetzungen möglich.

Die Unabhängigkeit der Richter

Bei der Überprüfung eines Verwaltungsaktes untersuchen die Gerichte, ob sich die Verwaltung bei ihrer Entscheidung an Recht und Gesetz gehalten hat. Nach Art. 20 Abs. 3 GG ist nämlich die Verwaltung als Teil der vollziehenden Gewalt „an Gesetz und Recht gebunden". Aber auch die Richter dürfen nicht nach ihrem persönlichen Gerechtigkeitsgefühl urteilen. Grundlage ihrer Entscheidungen müssen immer die Gesetze sein. Liegt kein entsprechendes Gesetz vor, so müssen sich die Richter bei ihren Entscheidungen an den **Wertvorstellungen des Grundgesetzes** orientieren. Mit der Bindung der Rechtsprechung an Recht und Gesetz in Art. 20 Abs. 3 trägt unsere Verfassung also der Tatsache Rechnung, daß sich Recht und Gesetz zwar im allgemeinen, aber nicht immer decken.

Bindung an Recht und Gesetz

1. Zeigen Sie an einem Beispiel, was man unter der Rechtsweggarantie versteht!
2. Was ist im Verwaltungsrecht ein Widerspruch?
3. Erklären Sie den Grundsatz der Gewaltenteilung!
4. Welche Bedeutung hat die Unabhängigkeit der Richter, und wie wird sie gewährleistet?
5. Erläutern Sie Art. 20 Abs. 3 GG!

4.5 Der Sozialstaat

Darum geht es:
Muß der Staat den Armen helfen, oder soll er sie ihrem Schicksal überlassen? Gibt es in unserer Gesellschaft noch so etwas wie Solidarität mit den Schwächeren?
Warum müssen wir so hohe Steuern und Abgaben zahlen?

M 3 Was kostet ein Kind?

Pit Haller und Sandra Haller-Lombardi sind seit einem Jahr verheiratet. Sie bewohnen eine kleine Zwei-Zimmer-/Küche-/Bad-Wohnung in einem Altbau (Miete DM 770 kalt). Sandra ist Buchhändlerin, Pit ist Bauzeichner in einem Architekturbüro.

Einige Tage, nachdem Sandra von der Ärztin bestätigt bekam, daß sie schwanger ist, beginnen die Planungen der beiden. Wie sieht es finanziell nach der Geburt ihres Kindes aus, wenn Sandra zumindest die ersten drei Jahre zu Hause bleibt? Sie haben schließlich folgende Rechnung aufgemacht:

Ohne Kind

Lohn Pit (netto)	DM 2357
Lohn Sandra (netto)	DM 1511

Mit Kind

bisheriger Lohn Pit	DM 2357
Steuerersparnis (durch Wechsel der Steuerklasse und Kinderfreibetrag) ca.	DM 400
Kindergeld	DM 70[1]
Erziehungsgeld	DM 600
Differenz	**DM 441**

Sandra: „Eine Person mehr und fast 450 Mark weniger. Dazu noch die Anschaffungen fürs Kind! Und ich dachte immer, daß wir uns eine größere Wohnung suchen, wenn ein Kind kommt."

Pit: „Durchschnittlich kostet ein Kind in einem Dreipersonenhaushalt 691 Mark monatlich, alle Kosten eingerechnet. Dann haben wir gegenüber dem, was wir jetzt ausgeben können, einen Minusbetrag von 1132 Mark! Wo sparen wir das ein?"
nach Zeitlupe 30 „Familie", S. 22

[1] Für das 1. und 2. Kind ab 1996: 200 DM, ab 1997: 220 DM.

M 2 „Reichtum"

Was ich immer sage: Die Ärmsten erlauben sich den größten Luxus.

Karikatur: Wolter, Cartoon-Caricature-Contor

M 3 Leistungen für die Familie

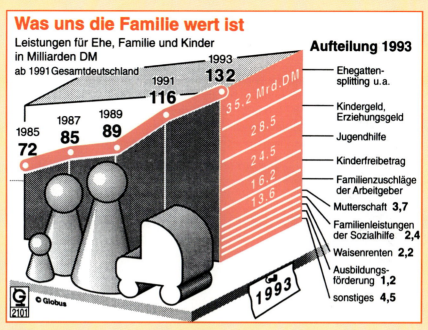

M 4 Zusatzsteuer für Kinderlose?

Auf einhellige Ablehnung ist der Vorschlag von Bundesfamilienministerin Hannelore Rönsch (CDU) gestoßen, zur Besserstellung von Familien Kinderlose mit einer Zusatzsteuer zu belegen.

F.D.P.-Generalsekretär Werner Hoyer warf Rönsch einen Denkfehler vor, da Kinderlose schon jetzt das Kinder- und Erziehungsgeld mitfinanzieren.

„Ungerechtfertigt" nannte der Parlamentarische Geschäftsführer der SPD, Peter Struck, die Forderung. Eine gerechtere steuerliche Berücksichtigung von Kindern könne nur durch Abschaffung der Kinderfreibeträge und durch ein einheitliches Kindergeld von 250 DM für alle erreicht werden, erklärte er. Der SPD-Vorsitzende Rudolf Scharping hat den Gedanken eines Ausgleichs zwischen Familien und Kinderlosen unterstützt.

Scharping nannte es einen gesellschaftlichen Skandal, daß eine Million Kinder und Jugendliche in Armut aufwüchsen. Es dürfe nicht sein, daß Eltern ihre Kinder vor Schulausflügen krank meldeten, weil sie das Geld für das Schullandheim nicht aufbringen könnten, oder daß Kinder Einladungen zu Geburtstagen nicht annehmen dürften, weil die Sozialhilfe für das Geschenk nicht ausreiche. Niemand mache sich klar, was damit psychologisch bei Kindern angerichtet werde, meinte Scharping.

Süddeutsche Zeitung, 21. 2. 1994

1. Welche finanziellen Probleme kommen auf Pit und Sandra mit der Geburt ihres ersten Kindes zu (M 1)?
2. Warum fühlen sich Familien mit Kindern in Deutschland benachteiligt (M 1–M 2)? Beziehen Sie bei Ihren Überlegungen auch Ihre eigenen Erfahrungen mit ein!
3. Durch welche Leistungen versucht der Staat, diese Probleme zu verringern (M 1, M 3)?
4.1 Erläutern Sie den Vorschlag der ehemaligen Familienministerin Hannelore Rönsch zur Besserstellung von Familien mit Kindern! (M 4)
4.2 Welche Argumente werden gegen diesen Vorschlag vorgebracht (M 4)?
5. Diskutieren Sie in Ihrer Klasse das Pro und Contra einer Zusatzsteuer für Kinderlose!

Der Sozialstaat

Nach Art. 20 des Grundgesetzes ist die Bundesrepublik ein **Sozialstaat**. Dadurch wird der Staat verpflichtet, durch wirtschaftliche oder soziale Maßnahmen dafür zu sorgen, daß jeder Bürger ein menschenwürdiges Leben führen kann.

Die Sozialversicherung

Eine der wichtigsten Errungenschaften des „Sozialstaates" ist die verpflichtende Einführung der Sozialversicherung durch Reichskanzler Otto von Bismarck (1871–1890). Bis heute ist diese eines der wichtigsten Instrumente des Staates, um soziale Probleme auf gesetzlichem Wege zu lösen. Erst 1995 wurde die Pflegeversicherung als neuester Zweig hinzugefügt.

Die Sozialversicherung (Stand Januar 1995)

	Rentenversicherung	Krankenversicherung	Unfallversicherung	Arbeitslosenversicherung	Pflegeversicherung
Versicherungsträger	Versicherungsanstalten	Krankenkassen	Berufsgenossenschaften	Bundesanstalt für Arbeit	Krankenkassen
Beitragsentrichtung	18,6 % des Bruttolohns Arbeitnehmer und Arbeitgeber zahlen je die Hälfte	ca. 13,2 % des Bruttolohns Arbeitnehmer und Arbeitgeber zahlen je die Hälfte	Beitrag wird allein vom Arbeitgeber getragen; Höhe richtet sich nach Gefahrenklasse und Betriebsgröße	6,5 % des Bruttolohns Arbeitnehmer und Arbeitgeber zahlen je die Hälfte	1 % des Bruttolohns Arbeitnehmer und Arbeitgeber zahlen je die Hälfte
Versicherungsleistungen	Renten, Heilbehandlung, Förderungsmaßnahmen für Behinderte u. a.	Arzt-, Zahnarzt- und Krankenhausbehandlung, Arznei, Entbindungskosten u. a.	Renten, Heilbehandlung, Förderungsmaßnahmen für Behinderte, Unfallverhütung u. a.	Arbeitslosengeld, Berufl. Aus- und Fortbildung, Umschulung, Berufsberatung, Arbeitsvermittlung u. a.	Pflegeleistungen oder Pflegegeld; Umfang richtet sich nach der Schwere der Pflegebedürftigkeit.

Das Prinzip der Solidarität

Bei der Finanzierung stützt sich die Sozialversicherung auf das Prinzip der Solidarität, das davon ausgeht, daß innerhalb der Gemeinschaft der Versicherten die finanziell besser Gestellten für die Schwächeren Leistungen erbringen müssen. So zahlen die Bezieher höherer Einkommen mehr in die gesetzliche Krankenversicherung ein, da die Beiträge als Prozentsatz vom Bruttoeinkommen berechnet werden, die Leistungen im Krankheitsfall sind aber für alle gleich, da sie unabhängig von den gezahlten Beiträgen sind.

Das Prinzip der Subsidiarität

Das Prinzip der Solidarität wird ergänzt durch das Prinzip der Subsidiarität. Man versteht darunter die Forderung, soziale Aufgaben nur dann der nächstgrößeren Institution (z. B. dem Staat) zu übertragen, wenn die jeweils kleinere Institution (z. B. die Familie) damit überfordert ist. So wird z. B. keine staatliche Sozialhilfe gewährt, wenn der Betroffene die erforderliche Hilfe von seinen Angehörigen erhalten kann.

Das Netz der sozialen Sicherung

Es gibt aber auch Menschen, die von der Sozialversicherung nicht erfaßt werden und die auch keine Hilfe von ihrer Familie beanspruchen können. Diese Fälle werden von einem weitgespannten und engmaschigen Netz sozialer Sicherung aufgefangen.

Der Sozialstaat

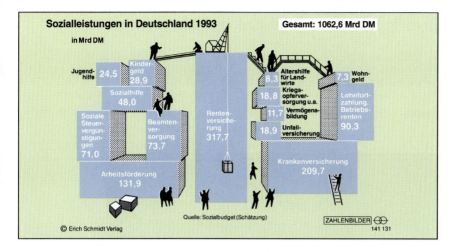

Die Zielsetzungen der Sozialpolitik wurden seit dem Zweiten Weltkrieg ständig erweitert. Zunächst machte die Beseitigung der Kriegsschäden eine verstärkte **Wohnungsbauförderung** notwendig, dann ermöglichte das Wirtschaftswunder den Ausbau der Ansprüche auf **Sozialhilfe**. Anfang der siebziger Jahre wurde im Rahmen der Bildungsreform die **Ausbildungsförderung** erweitert, und seit den neunziger Jahren stehen mit der wachsenden Zahl von Rentnern die Probleme der **Altersversorgung** im Brennpunkt der Sozialpolitik. Diese Entwicklung hat zu einem ständigen Anwachsen der Ausgaben der öffentlichen Hand im sozialen Bereich geführt. So stieg die Summe der Sozialleistungen von 16,7 Milliarden DM im Jahre 1950 auf 1063 Milliarden DM im Jahre 1993. Diese wachsenden Sozialleistungen haben höhere Sozialabgaben und Steuern zur Folge. So kann 1995 ein Durchschnittsverdiener nach Abzug von Steuern und Sozialabgaben nur noch über ca. 65 % seines Bruttoeinkommens verfügen. Die Folgen dieser Belastungen sind offenkundig: Je höher die Abgaben, desto niedriger ist die Summe, über die der einzelne Haushalt frei verfügen kann. Das kann bedeuten, daß z. B. Anschaffungen für den Haushalt oder der Kauf eines neuen Autos nicht getätigt werden können. Mögliche Folgen: Absatzschwierigkeiten der Industrie führen zu einem Ansteigen der Arbeitslosigkeit.

Finanzielle Grenzen des Sozialstaats

Der Sozialstaat kann dem einzelnen nur einen Grundschutz gewähren, der die wichtigsten Risiken abdeckt und das Existenzminimum garantiert. Die Vorsorge gegen weitere Risiken und eine bessere Absicherung müssen der Eigenverantwortung des einzelnen überlassen bleiben. Deshalb wird das System der gesetzlichen Sozialversicherung ergänzt durch die private Vorsorge, z. B. durch Lebensversicherungen, die die gesetzliche Altersversorgung ergänzen oder im Todesfall die Hinterbliebenen finanziell absichern.

Private Vorsorge als Ergänzung des Sozialstaats

1. Welche Leistungen erbringen die verschiedenen Zweige der Sozialversicherung, und wie werden sie finanziert?
2. Erläutern Sie die Prinzipien der Solidarität und der Subsidiarität!
3. Wägen Sie Möglichkeiten und Grenzen des Sozialstaats ab!
4. Informieren Sie sich bei zwei Trägern der gesetzlichen Krankenversicherung (AOK oder Ersatzkasse) über Beiträge und Leistungen! Referieren Sie die Ergebnisse des Vergleichs vor der Klasse!

4.6 Staatssymbole im demokratischen Staat

Darum geht es:
Was sind Staatssymbole?
Brauchen wir heute noch Staatssymbole?

M 1 Staatssymbole heute

3. 10. 1990: Tag der Vereinigung der Bundesrepublik mit der ehemaligen DDR. Bei der Vereinigungsfeier vor dem Berliner Reichstag wehen Deutschland- und Europafahnen.

Die deutsche Fußballnationalmannschaft während des Abspielens der Nationalhymne. Die Spieler tragen Trikots in den Nationalfarben.

M 2 Hoffmann von Fallersleben und das „Lied der Deutschen"

Die Nationalhymne der Bundesrepublik Deutschland ist das „Lied der Deutschen" oder „Deutschlandlied". Der Text dieses dreistrophigen Liedes stammt von August Heinrich Hoffmann (1798–1874); die Melodie ist die der „Kaiserhymne" von Joseph Haydn (1732–1809). August Heinrich Hoffmann (meist Hoffmann von Fallersleben genannt) war Professor für deutsche Sprache und Literatur an der Universität Breslau und zu seiner Zeit ein bekannter Dichter. Er schrieb das Lied 1841. Deutschland war damals ein zerrissenes Land; es bestand aus über dreißig selbständigen Staaten, die zum großen Teil noch im Geiste des Absolutismus regiert wurden. Das liberale Bürgertum erstrebte die Einheit Deutschlands unter einer freiheitlichen Verfassung. Dieser Sehnsucht gab Hoffmann in seinem Lied und in anderen Gedichten Ausdruck. Die preußische Regierung sah in ihm einen gefährlichen Umstürzler und entließ ihn 1842 ohne Pension aus seinem Lehramt.

Otto Freundl u. a., Die politische Ordnung in Deutschland, 6. Aufl. München 1995, S. 12

M 3 Braucht die Demokratie Symbole?

Braucht die Demokratie Symbole? Diese Frage stellte sich in Deutschland nach 1945. Daß sie überhaupt aufkommen konnte und diskutiert wurde, hängt sicher mit dem Überfluß an Flaggen, Orden und Abzeichen während des Dritten Reiches zusammen. Der damit verbundene Mißbrauch von Gefühlen löste nach dem katastrophalen Ende des nationalsozialistischen Regimes Enttäuschung und Ernüchterung aus. Die Generation, die erzogen worden war, in der Hakenkreuz- und Runenfahne ein „heiliges Zeichen" zu sehen, das „mehr als der Tod" sei, mußte nach 1945 erkennen, daß unter diesen Symbolen durchaus Unheiliges geschehen war. Der Sinn des Soldatentodes „für Führer, Volk und Vaterland" verdunkelte sich für die Überlebenden um so mehr, je stärker die Einsicht wuchs, der Einsatz- und Opferwille sei von der Staatsführung für verwerfliche Ziele mißbraucht worden. Vor dem Hintergrund dieser Erfahrungen wird in der Bundesrepublik Deutschland die Frage verständlich, ob sich der demokratische Staat der Flaggen, Orden und Wappen bedienen solle.

Symbole haben selbstverständlich auch im demokratischen Staat ihren Sinn. Wie in jeder Gemeinschaft sollen die Bürger in bestimmten Symbolen erkennen und akzeptieren, was sie seit Jahrtausenden sind: Zeichen der Identifikation, Kennzeichen für ein über allen Individual- und Gruppeninteressen stehendes Bekenntnis zur Gemeinsamkeit. Die Integrationswirkung der Symbole ist in der Geschichte früh erkannt, über die Jahrtausende hinweg immer genutzt worden und bis zur Gegenwart unseres Staates in ihrer Bedeutung für das Gemeinwesen ungeschmälert.

aus: Flaggen – Wappen – Orden. Symbole im demokratischen Staat. Hrsg.: Bundeszentrale für politische Bildung, Bonn o. J., S. 1

1.1 Was wollten die Menschen ausdrücken, die am 3. 10. 1990 die Fahnen schwangen? Warum treten bei Länderwettkämpfen die Sportler in Nationaltrikots an? (M 1)
1.2 Diskutieren Sie in der Klasse: Sind nationale Symbole wie Nationalflagge und Nationalhymne noch zeitgemäß?
2. Was bewegte Hoffmann von Fallersleben, als er den Text des Deutschlandliedes verfaßte? (M 2)

Staatssymbole im demokratischen Staat

Was ist ein Symbol?	„Ein Symbol ist etwas, das für etwas anderes steht." Diese einfache Definition meint, daß ein einfaches bildähnliches Zeichen uns eine rasche Kurzinformation über einen komplexeren Sachverhalt gibt. Verkehrszeichen z. B. informieren über Regeln, die im Verkehr beachtet werden müssen.
Wozu dienen Symbole im politischen Bereich?	Auch im politischen Bereich spielen Symbole eine wichtige Rolle als Verständigungsmittel. Mit ihnen können politische Forderungen oder ganze Weltanschauungen signalisiert werden (z. B. Hakenkreuz, Hammer und Sichel). Sie versuchen beim Betrachter ein Gefühl der Übereinstimmung und der Zusammengehörigkeit zu erzeugen.
Die Staatssymbole der Bundesrepublik Deutschland	Die Bundesrepublik Deutschland besitzt – ebenso wie andere Staaten – eine Reihe von Staatssymbolen: die Flagge in den Nationalfarben, das Wappen und die Nationalhymne. Auch Orden und Staatsfeiertage gehören dazu.

Die Farben der **Nationalflagge** – Schwarz-Rot-Gold – gehen zurück auf Uniformfarben, die in den Befreiungskriegen gegen Napoleon (1813/15) getragen wurden. In der Folge gewannen sie Bedeutung als Zeichen der Befürwortung eines freien und einheitlichen deutschen Nationalstaates. In der Zeit der Revolution von 1848/49 wurde die schwarzrotgoldene Fahne von der gewählten Nationalversammlung in der Frankfurter Paulskirche zur Flagge des Deutschen Bundes erklärt. Nach dem Scheitern der Revolution wurde diese Flagge aber verdrängt. Erst die Weimarer Republik und – nach der Unterbrechung durch das Dritte Reich – die Bundesrepublik Deutschland knüpften mit der Wiedereinführung von Schwarz-Rot-Gold an die demokratische Tradition an.

Der Adler wurde bereits im Römischen Reich von den Herrschern als Symbol höchster Macht verwendet. Im Heiligen Römischen Reich Deutscher Nation übernahmen die deutschen Kaiser den Adler als Wappentier. Seit 1950 ist er als „Bundesadler" auch Hoheitszeichen der Bundesrepublik Deutschland.

Das **„Lied der Deutschen"** wurde 1841 von Hoffmann von Fallersleben zu der Musik von Joseph Haydn verfaßt. Der liberale Dichter drückte mit dem Text seine Hoffnung auf eine Vereinigung des zersplitterten Deutschlands aus. Dies meinten auch die Zeilen der ersten Strophe „Deutschland, Deutschland über alles, über alles in der Welt". Später, vor allem in der Zeit des Dritten Reiches, wurden mit diesen Zeilen Machtstreben und übersteigerter Nationalstolz verbunden. Deshalb wird heute nur noch die dritte Strophe des Deutschlandliedes gesungen.

Deutschland- und Europafahne

Staatssymbole im demokratischen Staat

Ebenso wie die Bundesrepublik haben die Bundesländer Landesfahnen und Wappen. Das bayerische Wappen besteht aus einem Schild, das die Wappenbilder der vier wichtigsten Territorien, aus denen Bayern zusammenwuchs, zeigt. Dies sind für die Oberpfalz der goldene Löwe auf schwarzem Grund, für Ober- und Niederbayern der blaue Panther auf silbernem Grund, für Franken der silberne Rechen auf rotem Grund und für das bayerische Schwaben die drei stauffischen Löwen auf goldenem Grund. In der Mitte befindet sich das Herzschild mit den schrägen blauweißen Rauten. Sie waren ursprünglich das Wappen der Grafen von Bogen, wurden später von den Wittelsbachern übernommen und repräsentieren heute den bayerischen Gesamtstaat.

Das große bayerische Staatswappen

Auch internationale Organisationen drücken ihre Ziele und ihr Selbstverständnis gerne durch ein Symbol aus. Die offizielle Flagge der Europäischen Union und des Europarates (s. linke Seite) stellt einen Kreis aus zwölf goldenen Sternen auf blauem Untergrund dar. Die Fahne wurde 1955 vom Europarat geschaffen. Nach längeren Kontroversen wurde die Zahl der Sterne auf zwölf festgelegt: „Wie die zwölf Zeichen des Tierkreises das gesamte Universum verkörpern, so stellen die zwölf goldenen Sterne alle Völker Europas dar, . . ."
1986 wurde sie auch von den Europäischen Gemeinschaften (heute: Europäische Union) übernommen.

Die Europa-Flagge

1. Warum werden Symbole im politischen Bereich gerne verwendet? Gibt es auch negative Erscheinungen?
2. Welche Tradition verbinden die Deutschen mit den Nationalfarben Schwarz-Rot-Gold?
3. Im großen bayerischen Staatswappen werden die Symbole von vier Landesteilen Bayerns dargestellt. Welches Wappen gehört zu welchem Gebiet?
4. Das Symbol der internationalen Organisation UNO (Abb. rechts) ist Ausdruck ihres Programms. Versuchen Sie es zu entschlüsseln!

Gewußt?

Was paßt zusammen?

1. Volks-souveränität	2. Grundgesetz	3. Diktatur	4. Rechtsstaat
5. Repräsentative Demokratie	6. Gewaltenteilung	7. Extremisten	8. Nationalhymne
9. Direkte Demokratie	10. Symbol	11. Menschenrechte	12. Sozialstaat

a) Flaggen, Wappen, Orden, Abzeichen.
b) Die angeborenen Rechte eines jeden Menschen.
c) Der Grundgedanke ist, durch Verteilung der Macht deren Mißbrauch so weit wie möglich zu verhindern.
d) „Einigkeit und Recht und Freiheit . . .".
e) Sie schrecken oft vor Gewalt nicht zurück.
f) Die Verfassung der Bundesrepublik Deutschland.
g) Ein Staat, in dem Regierung und Verwaltung an Recht und Gesetz, die Gerichte an die Verfassung gebunden sind.
h) Das Volk entscheidet in Abstimmungen alle Sachfragen und wählt die Regierung direkt.
i) Soziale Ungerechtigkeit und Not sollen durch sozialpolitische Maßnahmen ausgeglichen werden.
j) Wenn das Volk nicht selbst Gesetze beschließt, sondern zu diesem Zweck Vertreter wählt.
k) „Alle Staatsgewalt geht vom Volk aus . . .".
l) Eine einzelne Person oder Gruppe übt die unumschränkte Macht im Staat aus.

Kleines Politiklexikon

Abgeordneter Ein vom Volk gewähltes Mitglied eines Parlaments. (S. 76)

Ausschuß Arbeitsgruppe aus Mitgliedern des Parlaments, die eingesetzt wird, um bestimmte Aufgaben wahrzunehmen. (S. 76, 81)

Asylrecht Bestimmungen der einzelnen Staaten über den Schutz Fremder, vor allem politisch Verfolgter. Im Grundgesetz ist in Artikel 16 festgelegt, daß derjenige, der wegen seiner Rasse, Religion oder Nationalität oder wegen seiner Zugehörigkeit zu einer bestimmten sozialen Gruppe verfolgt wird, das Recht auf Asyl hat. (S. 110, 111)

Bund (Bundesstaat) Der Zusammenschluß mehrerer Staaten zu einem Gesamtstaat, zum Beispiel die Bundesrepublik mit allen Bundesländern. (S. 72, 73)

Bundeskanzler Chef der Bundesregierung. Er bestimmt die Richtlinien der Politik und trägt die Verantwortung dafür. (S. 76, 86)

Bundesländer Jedes der 16 Bundesländer in der Bundesrepublik Deutschland verfügt über eine eigene Verfassung, eine Regierung und ein Parlament. (S. 72, 73)

Bundespräsident Staatsoberhaupt der Bundesrepublik. Er vertritt Deutschland nach außen, ernennt und entläßt höchste Staatsbeamte und unterzeichnet Gesetze. (S. 76, 90)

Bundesrat Der Bundesrat ist ein Teil der Legislative. Über ihn wirken die Länder an der Gesetzgebung des Bundes mit. Der Bundesrat muß bestimmten Gesetzen zustimmen, damit diese in Kraft treten können. (S. 72, 82)

Bundestag Name des deutschen *Parlaments*, s. dort! (S. 76, 77)

Bundesverfassungsgericht Oberstes Gericht der Bundesrepublik. Es entscheidet bei Meinungsverschiedenheiten darüber, ob ein Gesetz verfassungsgemäß ist. Jeder kann es anrufen, wenn er meint, in einem seiner Grundrechte verletzt worden zu sein. (S. 76, 91)

Bürgerinitiative Lockerer, zeitlich befristeter Zusammenschluß von Bürgerinnen und Bürgern, die wegen eines bestimmten Anliegens Einfluß auf die Politik nehmen möchten. (S. 32, 33)

Demokratie Das Wort kommt aus dem Griechischen und bedeutet Herrschaft des Volkes. Die Beteiligung aller Bürgerinnen und Bürger an Abstimmungen kann nur in sehr kleinen Staatsgesellschaften verwirklicht werden (direkte Demokratie). Wo dies nicht möglich ist, wählt das Volk Vertreter (Repräsentanten), die für das Volk handeln (repräsentative Demokratie). (S. 117, 120, 121)

Europäische Union Die Gemeinschaft von heute (1995) 15 europäischen Staaten wurde 1957 als Wirtschaftsbündnis gegründet. Im Vertrag von Maastricht (1992) wurde eine Zusammenarbeit auch in der Außen- und Sicherheitspolitik sowie der Justiz- und Innenpolitik beschlossen. (S. 94, 95, 98, 99)

Exekutive Die ausführende Gewalt, die Regierung. (S. 86)

Föderalismus Gliederung eines Staates in Gliedstaaten (in der Bundesrepublik die Bundesländer) mit eigener Verfassung, Regierung und Parlament. Bezeichnet auch das Bestreben des Gesamtstaates, die Rechte der Gliedstaaten zu wahren. (S. 72, 73)

Fraktion Alle Abgeordneten einer Partei im Parlament (S. 76)

Fünf-Prozent-Klausel Vorschrift, daß alle Parteien bei einer Wahl mindestens 5 Prozent der gültigen Zweitstimmen erhalten müssen, um ins Parlament zu kommen. (S. 51)

Gewerkschaft Freiwilliger Zusammenschluß von Arbeitnehmern, um gemeinsame wirtschaftliche, soziale und berufliche Interessen besser durchsetzen zu können. (S. 36)

Grundgesetz Verfassung der Bundesrepublik, regelt den Aufbau, die Aufgaben und das Zusammenspiel der Staatsorgane. Im Grundgesetz werden auch die Grundrechte garantiert. (S. 112, 113)

Grundrechte In der Verfassung garantierte Rechte, die für jeden einzelnen gewährleistet werden, wie zum Beispiel die Meinungsfreiheit, die Versammlungsfreiheit und die Menschenwürde. (S. 112, 113)

Gruppe Unter „Gruppe" verstehen die Wissenschaftler einen kleinen, noch überschaubaren Verband von Menschen, der durch eine Aufgabe, ein gemeinsames Ziel oder auch durch Zwang zusammengehalten wird. So kann sich z. B. das Kind seine Familie nicht aussuchen; in welchem Sportverein man mitspielt, bleibt dagegen dem freien Entschluß jedes einzelnen überlassen. (S. 8, 9, 12, 13)

Judikative Die rechtsprechende Gewalt; sämtliche Gerichte der Bundesrepublik Deutschland. (S. 123, 124, 125)

Kabinett Der Kanzler, die Minister und politischen Beamten (Staatssekretäre). (S. 84, 85, 86)

Koalition Zusammenschluß zweier oder mehrerer Parteien, die gemeinsam eine Regierung bilden und Gesetzesentwürfe ausarbeiten. (S. 86)

Kommune Gemeinde oder Stadt; kommunal bedeutet „eine Gemeinde betreffend". (S. 60)

Konstruktives Mißtrauensvotum Der Bundestag kann den Bundeskanzler nur durch die Wahl eines neuen Kanzlers zum Rücktritt zwingen. (S. 77)

Kumulieren Einem Kandidaten bei der Wahl mehr als eine Stimme geben. (S. 55)

Legislative Die gesetzgebende Gewalt; sie wird in der Bundesrepublik Deutschland von Bundestag und Bundesrat ausgeübt (auf Landesebene von den Länderparlamenten). (S.124, 125)

Lesung Die Behandlung eines Gesetzentwurfes im Parlament. (S. 80, 81, 82)

Mandat Der Wähler beauftragt durch die Wahl einen Politiker, seine Interessen zu vertreten. (S. 51)

Medien Bezeichnung für Presse, Rundfunk und Fernsehen. (S. 28, 29)

Mehrheitswahlrecht Danach ist gewählt, wer in seinem Wahlkreis die Mehrheit der Stimmen erhalten hat, die Minderheiten werden nicht berücksichtigt. (S. 46, 47)

Menschenrechte Das sind die persönlichen Rechte, die jedem Menschen von Geburt an zustehen, z. B. das Recht auf Meinungsfreiheit. (S. 112, 113)

NATO (= North Atlantic Treaty Organization, deutsch: Nordatlantikpakt) Verteidigungsbündnis zwischen westeuropäischen Staaten, USA und Kanada mit dem Ziel der Stärkung der Sicherheit durch politische, wirtschaftliche und militärische Zusammenarbeit. (S. 102, 103)

Opposition Alle Personen und Gruppen, die der Regierung im Parlament gegenüberstehen und sie kritisieren. (S. 77, 121)

Panaschieren Das Recht des Wählers, seine Stimmen auf Kandidaten verschiedener Parteilisten zu verteilen. (S. 54)

Parlament Die Versammlung der vom Volk gewählten Abgeordneten. Das Parlament regt Gesetze an, bewilligt sie und kontrolliert die Regierung. (S. 76, 77)

Parteien Politische Gruppen, die über einen längeren Zeitraum Einfluß auf die politische Willensbildung nehmen. Sie sind bereit, in Parlamenten und Regierungen Verantwortung zu übernehmen. (S. 40, 41)

Rechtsstaat Alle staatlichen Handlungen sind an die Gesetze gebunden, für jeden Bürger gelten die gleichen Gesetze. (S. 124, 125)

Rolle Wie in einem Theaterspiel, so gibt es auch in der menschlichen Gesellschaft Rollen. Die Menschen müssen in sehr verschiedenartigen Situationen handeln und sehr unterschiedliche Aufgaben erfüllen: als Frau, Mann, Kind, Mutter, Vater, Facharbeiterin, als Mitglied der Kirche, einer Partei, usw. Man bezeichnet diese unterschiedlichen Aufgaben als „soziale Rollen". Jeder Mensch „spielt" gleichzeitig mehrere Rollen. (S. 16, 17, 20, 21)

Sozialstaat Bezeichnung für einen Staat, der seinen Bürgern ein Existenzminimum sichert, wenn sie in Not geraten sind. (S. 128, 129)

UNO (= United Nations Organization, deutsch: Vereinte Nationen) Eine nach dem Zweiten Weltkrieg gegründete Organisation, die die Wahrung des Friedens und der Menschenrechte in der Welt zum Ziel hat. Fast alle Staaten der Welt sind Mitglieder der UNO. (S. 106, 107)

Verbände Organisierte Gruppen, die auf die Politik Einfluß nehmen möchten, ohne politische Verantwortung zu übernehmen. Zur Verfolgung gemeinsamer Interessen werden Zusammenschlüsse gebildet, z. B. Berufsverbände. (S. 36, 37)

Verhältniswahlrecht Jede Partei bekommt so viele Sitze im Parlament, wie sie prozentual Stimmen von den Wählern erhalten hat. Auch Minderheiten werden berücksichtigt. (S. 47)

Vermittlungsausschuß Wird von Vertretern aus dem Bundestag und dem Bundesrat gebildet und soll eine Einigung bei umstrittenen Gesetzesvorlagen bringen. (S. 82)

Volksbegehren Durch ein Volksbegehren können in Bayern Bürger einen Gesetzentwurf im Landtag einbringen. Dazu muß das Volksbegehren von 10 % aller stimmberechtigten Bürger durch ihre Unterschrift unterstützt werden. (S. 55)

Volksentscheid Lehnt der Landtag eine Gesetzesvorlage ab, die durch ein Volksbegehren eingebracht wurde, oder legt er einen Gegenvorschlag vor, kommt es zu einem Volksentscheid, bei dem die stimmberechtigten Bürger über die Gesetzesvorlage(n) abstimmen. (S. 55)

Zensur Überwachung von Zeitungen, Zeitschriften, Büchern und Nachrichten durch staatliche Organisationen, damit bestimmte Meldungen nicht erscheinen. (S. 29)

nach: F. Bedürftig u. a., Das Politikbuch, Ravensburg 1994